「特別の教科 道徳」の評価

通知表所見の書き方&文例集

道徳評価研究会 代表 **尾高 正浩** 編著

小学校 高学年

日本標準

はじめに

　道徳の時間が「特別の教科　道徳」（以下，道徳科）になることで，何が変わるのでしょうか。現場の先生方にとっていちばん関心があるのは，「評価をどうするか」だと思います。

　本書は，文部科学省が設置した「道徳教育に係る評価等の在り方に関する専門家会議」（以下，専門家会議）による「『特別の教科　道徳』の指導方法・評価等について（報告）」（以下，報告書）と「小学校学習指導要領解説　特別の教科　道徳編」（以下，解説）を踏まえて，道徳科の評価として通知表の所見をどのように書けばよいのかを豊富な文例で具体的に示したものです。

　本書の特長は，以下の通りです。
①子どもを見取るポイントになる４つの視点を踏まえた所見の書き方がわかること。
②子どもの「よさ」や「育った姿」別に文例をキーワードで整理することで，子どものよさや成長に合った文例が見つけやすいこと。
③一人一人の子どもの成長に合わせて，◎（とても成長した子どもへの所見），○（成長した子どもへの所見），☆（成長しようと頑張っている子どもへの所見）の３パターンの文例があること。

　なお，報告書や解説では，評価は「個々の内容項目ごとではなく，大くくりなまとまりを踏まえた評価とする」と書かれていますが，本書では，現場の先生方の使いやすさを考慮して，内容項目別に文例をまとめています。子どもたちのよさや成長に合わせて，それぞれの文例を組み合わせたり，文章をアレンジしたりしてみてください。

　本書の文例を参考にして，子どもたちが自信をもち，自分を好きになれるとともに，保護者に確かな見通しを与えられるような所見が生み出されることを期待します。

　　2018年　2月

道徳評価研究会
代表　尾高　正浩

目　次

第3章　高学年の所見 ＊文例集＊

第1章
新しい道徳科の評価

道徳科の評価について
どう考えればよいのでしょうか。
評価のおさえどころは？
子どもの見取り方は？
本章でポイントを示します。

◆どうするの？　道徳科の評価

1 道徳科の目標と評価のポイント

　道徳科の目標は，「道徳教育の目標に基づき，よりよく生きるための基盤となる道徳性を養うため，道徳的諸価値についての理解を基に，自己を見つめ，物事を多面的・多角的に考え，自己の生き方についての考えを深める学習を通して，道徳的な判断力，心情，実践意欲と態度を育てる」（解説p.16）です。この目標から，道徳科で求められる学習の方向性や，評価の際の子どもたちの見取りのポイントが見えてきます。

> **子どもたちの学習状況と道徳性に係る成長の様子を見取るポイント**
>
> ❶道徳的諸価値について理解したか。
>
> ❷自己を見つめられたか。
>
> ❸物事を多面的・多角的に考えられたか。
>
> ❹自己の生き方についての考えを深められたか。

ここがポイント！

　道徳科における評価は，子ども一人一人のよさを認め，道徳性に係る成長を促すために行います。子どもの側から見れば，「自らの成長を実感し意欲の向上につなげていくもの」であり，教師の側から見れば，「指導の目標や計画，指導方法の改善・充実に取り組むための資料」となります。報告書や解説では，道徳科の評価の在り方について次のように基本的な考え方がまとめられています。

> **道徳科の評価の在り方**
>
> ●道徳科の学習活動における児童の具体的な取り組み状況を，一定のまとまりの中で，学習活動全体を通して見取る。
>
> ●個々の内容項目ごとではなく，大くくりなまとまりを踏まえた評価とする。
>
> ●他の児童との比較による評価ではなく，児童がいかに成長したかを積極的に受け止めて認め，励ます個人内評価として記述式で行う。
>
> ●学習活動において，一面的な見方から多面的・多角的な見方へと発展しているか，道徳的価値の理解を自分自身との関わりの中で深めているかといった点を重視する。　　　　　（解説p.108より著者が一部要約）

　他者との比較や集団での位置を評価するのではなく，「個人内評価」として子どもたちが「自分はこんないいところがある」と自己肯定感を高めていけるような評価をすることが求められているのです。

② 道徳科と学校教育全体を通じて行う道徳教育の関係

　一方，学校教育全体で行う道徳教育で培われる道徳性の評価とは，道徳科も含めて学んだことが日頃の言動になっているかということです。通知表では「行動の記録」や「総合所見」で評価を行います。道徳科の授業だけではなかなか変容しない子どもたちの心の動きをしっかり見取り，認め，励まし，実践につなげていくことが大切ですね。

　解説には，「学校の教育活動全体を通じて行う道徳教育における評価については，教師が児童一人一人の人間的な成長を見守り，児童自身の自己のよりよい生き方を求めていく努力を評価し，それを勇気付ける働きをもつようにすることが求められる。そして，それは教師と児童の温かな人格的な触れ合いに基づいて，共感的に理解されるべきものである」（解説p.105）と書かれています。

　道徳科と学校教育全体で行われる道徳教育は車の両輪といわれています。それは評価においても同様です。道徳科で学んだことを，学校教育全体で行う道徳教育の場で生かす。逆に道徳教育で学んだことを，道徳科の授業に生かす。双方が関連付けられてこそ，子どもたちの心は変容するのです。「継続的に把握する」「指導に生かす」というのがキーワードです。子どもたちの心はどんどん変わっていきます。だから長いスパンで子どもたちをていねいに見取ることが必要なのです。そして，その心の変化に気付かせ，心の成長を自覚させる評価が望ましいのです。

column 1 　道徳科を中心としたプログラムをつくろう！

　道徳科の授業だけで子どもたちの心の変容を求めるには難しいものがあります。道徳科の授業中はよい発言をしたのに，授業が終わった休み時間に真逆の行動をしているのを見て落胆している教師の話をよく聞きますが，それも仕方のないことなのです。子どもの心はそんなに早くは変わりません。

　そこで大切なのが，学年・学級で重点としている内容項目の道徳科の授業を選んで，その授業を中心としてほかの教育活動と関連させたプログラムをつくることです。プログラム全体を通して，子どもたちの心を育てるのです。そうすることで，道徳科の授業だけでなく，繰り返しいろいろな視点から子どもたちに考えさせたり，指導したりできるので，心の変容もしやすくなります。道徳科の授業で学んだことが生かせる場を設けることで，学びを実践でき，それを認め，励ますことができます。子どもたちは認められ，励まされることで「次もやってみよう」と思い，習慣化につながるのです。ぜひ，プログラムの中に自己評価，相互評価ができる場をつくってください。

3 道徳科の評価の工夫と配慮

　道徳科の評価をする際の工夫について，専門家会議の報告書・別紙２では下のように例示されています。

道徳科の評価の工夫に関する例（本専門家会議における意見より）

- 児童生徒の学習の過程や成果などの記録を計画的にファイル等に集積して学習状況を把握すること。
- 記録したファイル等を活用して，児童生徒や保護者等に対し，その成長の過程や到達点，今後の課題等を記して伝えること。
- 授業時間に発話される記録や記述などを，児童生徒が道徳性を発達させていく過程での児童生徒自身のエピソード（挿話）として集積し，評価に活用すること。
- 作文やレポート，スピーチやプレゼンテーション，協働での問題解決といった実演の過程を通じて学習状況や成長の様子を把握すること。
- １回１回の授業の中で全ての児童生徒について評価を意識してよい変容を見取ろうとすることは困難であるため，年間35単位時間の授業という長い期間の中でそれぞれの児童生徒の変容を見取ることを心掛けるようにすること。
- 児童生徒が１年間書きためた感想文等を見ることを通して，考えの深まりや他人の意見を取り込むことなどにより，内面が変わってきていることを見取ること。
- 教員同士で互いに授業を交換して見合うなど，チームとして取り組むことにより，児童生徒の理解が深まり，変容を確実につかむことができるようになること。
- 評価の質を高めるために，評価の視点や方法，評価のために集める資料などについてあらかじめ学年内，学校内で共通認識をもっておくこと。

　更に，「発言が多くない児童や考えたことを文章に記述することが苦手な児童が，教師や他の児童の話に聞き入ったり，考えを深めようとしたりしている姿に着目するなど，発言や記述ではない形で表出する児童

の姿に着目するということも重要である」（解説p.109）ことや，児童が行う自己評価や相互評価を活用すること，更には，評価が個々の教師のみに任されるのではなく，学校として，組織的・計画的に行うことが重要，と示されています。

　また，報告書や解説では発達障害などのある児童生徒への必要な配慮についても示し，発達障害などのある子を指導したり評価したりする際には，それぞれの子どもたちの学習の過程で考えられる困難さの状態をしっかり把握したうえで必要な配慮をすることを求めています。

　報告書では，「学習障害（LD）等」「注意欠陥多動性障害（ADHD）等」「自閉症等」の3つが取り上げられていますが，例えば，学習上の困難で「聞く・話す」はできても，「読む・書く」が苦手なことが多い子については，その困難さを十分把握したうえで，言語コミュニケーションの方法を文字言語のみに限定しないで，口頭で伝えることも可能としたり，また，他者との社会的関係の形成に困難がある子については，他者の心情を理解するために役割を交代して動作化，劇化したり，ルールを明文化したりするなど，学習過程において想定される子どもたちそれぞれの困難さに対する指導上の工夫が必要となります。

　評価に当たっては，それぞれの困難さの状況ごとに配慮して指導を行った結果として，その子の考えが多面的・多角的な見方へ発展したり，道徳的価値を自分のこととして捉えていたりといった学習状況や道徳性に係る成長の様子をていねいに見取ることが大切です。

　同じ考え方は海外から帰国した子や外国人の子などに対しても同様です。生活習慣の違いがあったり日本語での表現が困難だったりする子に対して，十分に配慮した対応をしていきましょう。

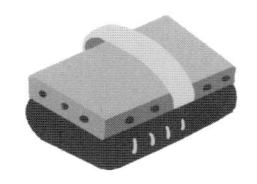

4 評価のための資料の生かし方

　　　　子どもたちを評価するには，その手掛かりとなる資料が必要となります。資料となるのは，子どもたちが使う道徳ノート，ワークシート，質問紙による自己評価，教師の授業の記録や見取りなどがあります。ここでは，評価に慣れていない教師でも取り組みやすいものとして３つの資料を取り上げ，子どもの見取り方とあわせて紹介します。

❶ 道徳ノート

　国語の授業でノートを使うように，道徳科でも専用のノートが求められるのは当然の流れです。道徳ノートの評価への生かし方としては，主発問や子ども自身の振り返り，終末の場面で活用し，その日の授業のねらいを踏まえて，「今までの自分はどうだったか」「今日の学習で学んだことは何か」「これからの自分に生かすことは何か」などを書かせることをおすすめします。更に，事前に「ねらいに関わる経験の有無」などを書かせてくるのもよいし，関連する教育活動を想起させ，導入や振り返りに生かすことも考えられます。授業のあと，「学びを生かせたこと」を記録することも評価につながります。使用した教材を道徳ノートに貼るなど工夫すれば，ポートフォリオとして，心の変容を自覚できるノートになるでしょう。

❷ ワークシート

　ワークシートも評価によく使われます。書く場面として主発問に次いで多いのが，終末で学習を振り返る場面です。ねらいと関わってどのようなことに気付き，考えたかが分かる内容が多いのですが，特に終末の場合は，自分を振り返って書くので，評価に生かすことができます。ワークシートで子どもの心の変容を見取り，一人一人に対して言葉掛けできるようにしたいですね。

　ワークシートは，ファイリングして，あとで子どもたち自身がもう一度見ることで，自分の感じ方や考え方の変化に気付くことができます。子ども同士で交換して読み合う活動を取り入れれば相互評価にも役立ち，更に個人面談の際に保護者に見せたり，家に持って帰らせて保護者からコメントをもらったりすることで子どもの心の成長を共有できる利点もあります。

　ワークシートは，子どもたちが見たときに，これなら自分の考えを書きた

いと思えるシート，一目で何を書けばよいのか分かるシートでなければなりません。挿し絵を何にするか，吹き出しの大きさをどうするか，罫線は入れるのかなど，子どもたちの実態に合わせたいものです。書くだけで時間がかかるので，授業の中で書かせる場面は，2回，多くとも3回くらいがよいでしょう。

❸ 質問紙

　教師が用意した質問に答えさせることで評価に活用する方法です。一般的には，授業の終末に，自己評価として用いる場合が多いです。「真剣に考えられたか」「友達の考えを聞いて考えが変わったか」「自分の振り返りはできたか」など評価項目を工夫するとよいでしょう。また，自由記述の場合は，「授業を通して何を新しく学びましたか」や「授業後に道徳科で学んだことを生かせましたか」などと問うとよいですね。

❹ 教師による子どもの見取り

　子どものよさを見逃さないためには，教師がしっかり見取ることが大切です。座席名簿をもって，机間巡視の際にワークシートや道徳ノートに書いている姿やその内容を記録したり，グループで話し合っている姿や発言内容を記録したりしましょう。

　また，一部の子どもだけでなく，全員に発言の機会を与えることも大切です。それにはグループ学習が有効です。グループ学習では1時間の授業の中で全てのグループを見るのは無理なので，授業ごとにいくつかグループを決めて見るとよいでしょう。

　子どもが自分自身との関わりについて考えているかは，「自らの生活や考えを見直しているか」や「道徳的価値を実現することの難しさを自分事として捉えているか」などから見取ります。多面的・多角的な見方ができているかは，「道徳的な問題に対する判断の根拠やそのときの心情を様々な視点から捉えようとしているか」や，「自分と違う立場・意見を理解しようとしているか」から見取ります。

　あまり発言しない子や文章を書くのが苦手な子に対しては，教師や友達の話に聞き入り，考えを深めようとしているなど，別な形で表出する子どもの姿に着目することが求められています。

column 2　子どもの自己評価を評価に生かそう！

　評価は，子どもたちを認め励まし，自分の成長を実感させ，意欲の向上につながるものであることが求められています。

　そのためには，所見を読んだ子どもたちが納得できる評価にしなければいけません。そのために有効なのが，子どもたちの自己評価です。具体的には，子どもたちによる「道徳科の学習についての振り返り」です。例えば，前期で18時間道徳科の授業を実施したとしたら，18時間分の資料とワークシートをファイルに入れておいて，18時間全部を振り返らせるわけです。「前期は18時間道徳の学習をしましたが，どのような心が育ちましたか，ファイルを見て自分がどの教材で心が育ったのか，振り返ってみましょう」と言って自己評価をさせます（自己評価したものをグループで聴き合い，友達から認めてもらうことも，子どもの自信につながります）。

子どもが納得できる評価にしましょう！

　この自己評価と教師が見取った評価をすり合わせます。一方的に教師が評価するのではなく，子どもの自己評価を参考にして評価することが，子どもを伸ばす評価につながるのです。

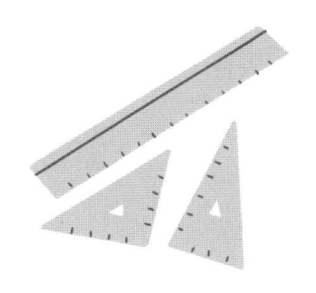

⑤ 略案から見る評価のポイント

最後に，より分かりやすくなるよう，授業における評価のポイントを略案で示したいと思います。

基本的に，授業では，学習活動に対して，教師が考えた手立てにどう反応したかを評価します。教師がこの時間を通して，一人一人の子どもたちにどう変わってほしいのかによって，見取る場所は違います。1時間の授業の中でクラス全員を評価するのは難しいことです。そこで，「今日の授業では，この場面で，この子を中心に見取る」と考えておけばよいでしょう。

例えば，「導入で問題意識が高まったか」は，教師の発問に対して，発言の内容や聞いている態度で見取るし，「展開で考えを深めているかどうか」は，発言やワークシートに書かれた内容や，グループで話し合っているときの様子などで見取ります。更に「終末で学習したことを理解できたか」は，ワークシートや発言内容から見取ります。視点としては，「今までの自分を振り返ることができたか」「この学習で何を学んだのか」「これからの自分はどうするのか」「多面的・多角的に考えられたか」です。

報告書では，道徳科の学習における多様な指導方法（「読み物教材の登場人物への自我関与が中心の学習」「問題解決的な学習」「道徳的行為に関する体験的な学習」など）が例示されていますが，この3つは独立しているのではなく，それぞれ関わっています。つまり，自我関与しない道徳の時間はないということです。ここでは，いちばん基本となる「読み物教材の登場人物への自我関与が中心の学習」の授業を例として，次のページで子どもの見取り方と評価のポイントを示します。

column 3　指導方法によって評価は違うの？

「読み物教材の登場人物への自我関与が中心の学習」「問題解決的な学習」「道徳的行為に関する体験的な学習」という多様な指導方法が例示されていますが，評価の方法については基本的には変わりません。

ただ，読み物教材では主人公の判断や心情を考えることで，問題解決的な学習では問題場面についての言動を考えさせることで，役割演技などの体験的な学習では実際の問題場面を実感を伴って理解することで，道徳的価値の理解を深めていきます。その違いを評価に生かすことは大切ですね。それぞれ，読み物教材では「主人公の気持ちに寄り添い，○○の気持ちをもつことができたか」という視点で，問題解決的な学習では「問題を解決するよりよい手立てについて考えることができたか」という視点で，体験的な学習では「役割演技を通して，改めて○○の大切さに気付くことができたか」という視点で評価することになります。

【読み物教材の登場人物への自我関与が中心の学習】

⑴**主題名**　誠実な心で　［A　正直，誠実］

⑵**教材名**　手品師

⑶**ねらい**　人との約束を誠実に果たそうとすることの大切さやすばらしさに気付く。

⑷**展開と評価のポイント**

		学習活動	ねらいにせまる手立て	児童の反応
	導入	1　「約束」についての経験を話し合う。○今までに誰かと約束をしたことがありますか。	○約束をしたときや，約束を守れなかったときの体験を話し合うことで，価値への方向付けをする。	○友達と遊ぶ約束をしたことがある。○お母さんとの約束を破って怒られて後悔した。
	展開	2　教材前半の迷うところまでを聞き，手品師はどうすべきか話し合う。○あなたが手品師だったらどうしますか。○その行動をしたあと，どのような気持ちになりますか。	○ワークシートに，「男の子の所へ行く」「大劇場に行く」の両面から手品師の気持ちを考えて書くように助言する。○黒板にネームプレートを貼り，立場を明確にして話し合うようにする。○友達の意見で納得したものをワークシートに書き足すことを促す。	○男の子が悲しむ。○男の子との約束が先だから守る。○夢をかなえたい。○大劇場のお客さんも待っている。○男の子に手紙を残せば分かってくれる。
		3　教材後半を聞き，手品師の心情について考え，話し合う。◎なぜ手品師は大きなチャンスを逃してまで男の子の所へ行ったのでしょう。	○話し合い後，手品師はどうすべきだったか考えが変わった児童はネームプレートを動かして理由を発表させる。○手品師の誠実さについておさえる。	○男の子を悲しませることはできない。○男の子のことがずっと気になってしまう。○大劇場はその手品師以外でもできるが，男の子にとっては違う。
	終末	4　今日の学習で考えたことを振り返る。○今日の学習で考えたことを書きましょう。	○約束を守ることの大切さや，手品師の誠実さについての意見を共有する。	○相手の気持ちを考え，約束を守ろうとすることが大切だと思った。○約束を守っていきたい。

ポイント！
挙手・発言
自分の体験を振り返り，意欲的に話し合っている。

ポイント！
ワークシート・発言・挙手
手品師の状況や男の子の気持ちを想像し，どうしたらよいのか多面的に考えている。

ポイント！
ワークシート
友達の意見を聞いて，自分の考えを書いている。

ポイント！
ワークシート・発言・挙手
人と誠実に関わることの大切さに気付き，自分の在り方について考えている。

◆所見を書く前に知っておきたい高学年の特徴

高学年の子どもたちにはどんな特徴があるのでしょう。発達段階を知ることで，子どものよさや頑張りが見えてきます。

●思春期への準備時期。

▶高学年という意識を高めさせましょう。

●羞恥心が出てきて，分かっていても発表しない。

▶授業では，羞恥心がなくなる工夫や雰囲気づくりが必要です。

●男子と女子が対立するときもある。

▶対立後にフォローを。

●落ち着きが出てくる。大人の対応ができる。

▶よい対応ができたらみんなの前でほめましょう。

●大人に対する批判力が強まり，生意気と思われる言動が出る。

▶それが自分らしさにもつながります。

●性意識が高まり，恋愛感情も芽生える。

▶男女関係が難しくなるので，男女の人間関係づくりが大事です。

●人前と仲間内での言動が違う。

▶人前でしっかりできていればよしとします。

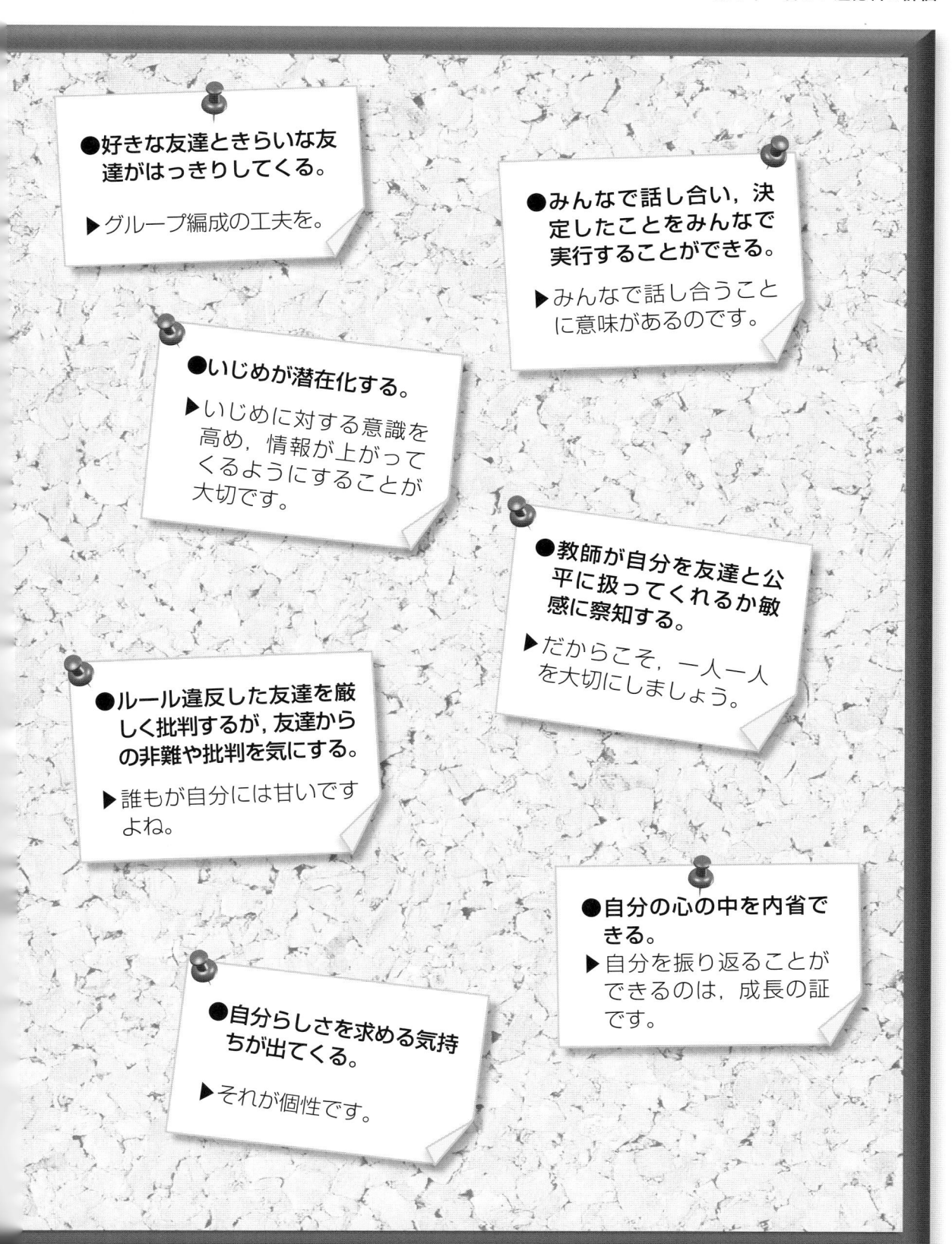

●好きな友達ときらいな友達がはっきりしてくる。

▶グループ編成の工夫を。

●みんなで話し合い，決定したことをみんなで実行することができる。

▶みんなで話し合うことに意味があるのです。

●いじめが潜在化する。

▶いじめに対する意識を高め，情報が上がってくるようにすることが大切です。

●教師が自分を友達と公平に扱ってくれるか敏感に察知する。

▶だからこそ，一人一人を大切にしましょう。

●ルール違反した友達を厳しく批判するが，友達からの非難や批判を気にする。

▶誰もが自分には甘いですよね。

●自分の心の中を内省できる。

▶自分を振り返ることができるのは，成長の証です。

●自分らしさを求める気持ちが出てくる。

▶それが個性です。

第2章
所見の書き方

本章では，所見の書き方
について解説します。
どんな視点で書けばよいのか？
子どもを励ます表現とは？
現場教師の視点でポイントを
示します。

① 所見を書くポイント

いよいよ所見の書き方の説明に入ります。ポイントがいくつかあるので，しっかりおさえていきましょう。

ポイント① 認め，励まし，意欲を高める内容を

所見は，教師から子どもたちへのプレゼントです。子どものよさを認め，励まし，更に読んだ子どもが「こういうところを伸ばしたい」「こんな心で行動したい」「ここを改善したい」などと意欲を高められるものにするのが大前提です。教科学習が苦手な子どもや自分のよさがなかなか見つけられない子どもにとって，道徳科はその子のよさを見つけられる時間になります。ていねいに一人一人を見取り，子どもたちが「ぼくにもこんなよさがあったんだ」「わたしってちょっといいかも」と自信をもてるような所見，自分を好きになる子が増えるような所見が書けるといいですね。間違っても子どもを否定するような内容ではいけません。

ポイント② 保護者と子どもが納得する内容を

所見は，もらった子どもたち，読んだ保護者が納得するものでなければなりません。子どもたちが「ここを頑張って取り組んだ」「ここを見てほしい。認めてほしい」というところをしっかりおさえることが大切です。「せっかく頑張っているのに，先生は気付いてくれなかった」「違う点を書いていた」と思われるのでは，子どもの意欲は高まらないし納得もしないでしょう。保護者に対しては，保護者が気付いていない子どものよさを書けるとよいですね。そうすることで「先生はうちの子のことをよく見てくれている」と安心感をもたれます。学校と家庭で同じ方向で子どもたちの心を育てていけるような所見が望ましいです。

ポイント③ ねらいに関わって，子どものよい点や進歩の状況を

道徳科の充実には，目標を踏まえ，指導のねらいや内容に照らして子どものよさを伸ばし，道徳性に係る成長を促すための評価が大切です。道徳性を養うために行う道徳科の目標として次の❶〜❹の視点がまとめられています（本書p.9を参照）。評価にあたっても，この４つの視点で子どもたちの成長を見取るとよいでしょう。

視点❶　道徳的諸価値について理解したか

　道徳性を養うには，道徳的価値について理解することが大切です。またその価値理解と同時に人間理解や他者理解を深めていくようにします。

> **❶の所見例**
> ●相手の気持ちを考えて親切にすることの大切さに気付き，親切な行為を進んで行おうとする意欲をもつことができました。
> ●様々な人たちのおかげで自分たちの生活が支えられていたことを理解し，感謝の気持ちをもつことができました。

視点❷　自己を見つめられたか

　ねらいに関わって，自分をしっかり見つめることが大切です。自分がどこまでできていて，どこがまだできていないのか，自覚させることが必要です。

> **❷の所見例**
> ●誰に対しても気持ちのよい挨拶ができていたか，今までの自分をしっかり振り返ることができました。
> ●今までを振り返り，身近な人を思いやる気持ちの大切さを実感できました。

視点❸　物事を多面的・多角的に考えられたか

　物事を多面的・多角的に考えるとは，道徳教育の目標にある「主体的な判断の下に行動」するための基本です。日常生活で起こる様々な場面で，どのように行動したり対応したりすればよいのか考えるとともに，どうしてそのことが必要なのか，どうすればできるのかを道徳的価値と関わらせて捉えることが大切です。そして，その視点が自分を見つめ，自己の生き方を考えさせることにつながっていくのです。

> **❸の所見例**
> ●グループ学習で友達の考えを聞くことで，自分とは違う考え方に共感し，思いやりについて新しい視点があることに気付くことができました。
> ●友達と話し合うことで，今までの考えを改め，相手の立場を考えることの大切さに気付くことができました。

視点❹　自己の生き方についての考えを深められたか

　ねらいに関わって，これからの生き方としてどのような気持ちを大切にしていくのか，どのような言動をとっていくのかを考えることが，日常生活につなげるためにも大切です。

> **❹の所見例**
> ●今後は，自分から進んで挨拶しようとする意欲が感じられました。
> ●これからの自分がもたなければならない心に気付くことができました。

② 所見の要素と組み立て

　　　　所見に何を書くかはっきりしてきたら，次は実際にどう書くかということになります。本書では，前ページの❶～❹の視点をもとに，「◎ とても成長した子どもへの所見」，「○ 成長した子どもへの所見」，「☆ 成長しようと頑張っている子どもへの所見」と，3パターンの書き方で所見文例を提出しています。

◎　とても成長した子どもへの所見

　◎は，❶～❹の4つの視点のうち，どれか2つ以上できている場合の所見です。❶～❹を評価する文例でよく使う表現としては，それぞれ下のようなものがあります。

> ❶の視点…「～が分かりました」「～に気付きました」「～を理解できました」「～ができました」「～の気持ちをもてました」「～の思いを深めました」「～の考えを深めました」
>
> ❷の視点…「これまでの～を振り返り，」「自分が～であったことに気付き，」
>
> ❸の視点…「友達の意見を聞いて～に気付き，」「～という考えももち，」
>
> ❹の視点…「～の意欲が高まりました」「～しようとする気持ちが表れていました」「～の意欲が表れていました」「～したいという思いが伝わってきました」

〈◎の所見例〉

● 規則の尊重の学習では，展開の話し合いの中で，^{視点}❶きまりの意義やよさについて理解し，^{視点}❹自分たちのきまりを見直そうとする意欲が見られました。

● 勇気をテーマにした学習を通して，^{視点}❷今までの自分は勇気がないばかりにチャンスを見逃してきたことに気付きました。^{視点}❹「これからは勇気をもって行動したい」という意欲がノートの記述に表れていました。

● 「○○○○」の学習では，^{視点}❸友達の意見から自分が危険から身を守ることだけではなく，周囲の人の安全にも気を付けることが大切だということに気付き，^{視点}❹生活の中で実践しようとする意欲が高まりました。

○　成長した子どもへの所見

　○は，❶～❹の４つの視点のうち，１つできている場合の所見です。

〈○の所見例〉

●生命の尊重の学習を通して，❶生命は祖先から受け継がれていることを理解し，生命に対して自分なりの考えをまとめることができました。

●「○○○○」の学習では，困難を乗り越える筆者の生き方を学び，❷自分には努力が足らずにすぐあきらめていたところがあったことに気付くことができました。

●「○○○○」の学習で，主人公が友達に自分の思いを伝えるべきか葛藤する場面では，❸友達の考えを聞いて，主人公の心情についての理解を深めていました。

●自然愛護の学習を通して，❹自然環境を守るためにこれから自分でできることについてよく考え，ワークシートにたくさんのアイディアを書くことができました。

☆　成長しようと頑張っている子どもへの所見

　☆は，❶～❹の４つの視点のうち，どれも「あと一歩！」という場合の所見です。小さいけれども成長したところを書く場合は，

> 「～する意欲が少しずつ育ってきています」
> 「～な気持ちが育ってきています」
> 「～のような自分を振り返る力がついてきています」
> 「～ができつつあります」
> 「～しようとする心が育ってきています」
> 「○○は理解しているので，更に□□するとよいでしょう」

のように，子どもの頑張りを認め励ます表現にしましょう。

〈☆の所見例〉

●友情，信頼の学習で，資料の主人公の気持ちに寄り添うことができました。友達とよりよい関係を築こうとする気持ちが育ってきています。

●礼儀の学習では，友達の発言に熱心に耳を傾けていました。礼儀を大切に行動しようとする心が育ってきています。

●相互理解の学習では，相手の意見を聞くことの大切さを考えました。グループ学習では，友達の意見を聞く態度ができつつあります。

③ 所見の書き方の留意点

　保護者が目にする所見です。所見の文章を書く際には，まず大前提として，誤字脱字がないようにしっかり確認しましょう。国語辞典をそばに置き，自治体発行の用字・用語例も参考にしてください。下に所見における適切な表現のポイントをあげておきます。

❶ 誰にでも分かる言葉で

　一般的でなく専門的な用語（例えば，「道徳的態度」「道徳的実践力」「畏敬の念」など）は避け，子どもや保護者に分かりやすい言葉を使いましょう。

❷ 差別感を与えたり，人を傷つけたりしない表現で

　「男（女）らしい」など差別感を感じさせる言葉や，人権問題に関わる言葉は使わないようにしましょう。「クラスで一番」など友達と優劣を比べるような言葉も同様です。

❸ 感情的・断定的な見方をしないで

　「上手に」「立派に」など，教師の主観と捉えられかねないあいまいな表現で書いたり，「いつも元気な○○さんは」などと決めつけたり，えこひいきしていると誤解されるような表現は避けましょう。

❹ 保護者に責任転嫁しないで

　「甘やかされているので」など家庭に責任を求める表現にしないようにしましょう。保護者のやる気が出る表現が望ましいです。

❺ どこを伸ばせばよいのか分かるように

　「こうすればもっとよくなる」と伸びるための具体的な手立てが書かれていると子どもたちのやる気が出てきます。

---

column 4　子どものやる気アップにつながる見方のヒント

　「まだまだ」と思えるような子どもの様子も，視点を変えると長所に変わります。子どもの意欲を伸ばせるよう，教師は温かいまなざしで子どもを見取りましょう。

　次のページに子どものやる気アップにつながる見方のヒントを載せました。参考にしてみてください。

子どものやる気アップにつながる見方のヒント

行	子どもの様子	やる気アップの見方	行	子どもの様子	やる気アップの見方
あ	あきらめが悪い	粘り強い	た	だまされやすい	正直な
	あきらめが早い	決断力がある		頼りない	控えめな
	意見が言えない	控えめ，協調性がある		だらしない	こだわらない
	いばっている	自信に満ちている		単純	素直な
	うるさい	活発な		調子に乗る	行動的な
	落ち着きがない	活動的な，好奇心旺盛な		冷たい	冷静な
	おとなしい	穏やかな，控えめな		でしゃばり	世話好きな
	おっとりした	捉われない		鈍感	物事に動じない
	おたく	自分の世界をもっている		とろい	落ち着いた
か	かっとなる	感受性豊かな	な	内向的	思慮深い
	変わった	個性的な		のんき	こだわらない
	がさつ	大胆な	は	反抗的	自分の意見が言える
	きつい	自己主張できる		ふざけた	明るい
	気が強い	自信に満ちている		ぼんやり	穏やか
	気が弱い	優しい	ま	周りを気にする	心配りができる
	軽率	行動的な		無責任	こだわらない
	けじめがない	集中力がある		無口	落ち着いた
	強情	意志が強い		むらがある	やるときはやる
さ	さぼる	自分で行動する		面倒くさがり	こだわらない
	騒がしい	活発な		ものぐさ	こだわらない
	自分本位	自分に正直な	や	やかましい	元気がある
	ずうずうしい	堂々とした		やる気がない	落ち着いている
	ずるい	合理的な		優柔不断	協調性がある
	責任感がない	こだわらない	ら	乱暴	こだわらない
	せっかち	行動的な		利己的	自分を大事にする

27

Q&A

Q1 「指導と評価の一体化」とは，具体的にどのようにすることですか。

A 指導の効果を上げるためには，指導のねらいや内容に照らして子どもたちの学習状況を把握するとともに，その結果を踏まえて，授業改善をすることが必要です。選択した教材は適切だったか，発問は適切だったか，多面的・多角的な考えをもたせることができたか，自分との関わりで捉えさせることができたかなど，子どもの姿を通して評価します。そしてその評価を生かして改善案を検討することが求められています。

Q2 保護者に「評価は教師の主観ではないか？」と言われてしまいました……。そんな疑問にはどのように答えればよいのでしょうか。

A 道徳科の評価も，他教科と同じように妥当性や信頼性を確保することが必要です。しかし，評価はどうしても教師の主観に陥りやすいことも事実です。そこで求められるのが，チームによる評価です。解説にも「評価は個々の教師が個人として行うのではなく，学校として組織的・計画的に行われることが重要である」（解説p.110）と書かれています。学校として指導方法や評価方法，評価の視点などについて共通理解し，保護者に説明できるようにしておくことが大切です。

Q3 保護者の関心が高い通知表。所見の書き方で特に気を付けた方がよいことはありますか。

A 特に気を付けたいのは，行動の記録に〇が付いているのに，道徳科の所見ではそのよさに全然触れられていない場合です。つまり行動の記録と所見の内容が一致しないことです。これでは，保護者に疑問をもたれてしまい，説明責任が果たせません。記述が合うように心掛けましょう。逆に，子どもの心は変わりやすいので，道徳科ではよい発言をしたり，よいことを書いたりしても，日常の生活では実践できない子もいるので，道徳科の所見でよい記述があっても，行動の記録では〇が付かない場合もあります。子どもをしっかり見取り保護者が納得のいく評価にしていくことがいちばんです。

Q4 いじめをしている子など，言動に課題のある子がいます。どう評価すればよいのですか。

A いじめに対しては，すぐに対応しなければならないので，個別指導や学年・学級の全体指導をしたあとの評価となります。指導したあと，その子に変容があればその具体的な言動への評価を書けばよいでしょう。ただし，いじめをしていた事実が分かるような表現は避けてください。もし変容が見られなければ，ほかの視点でよさを認めたうえで，本書の所見文の書き方を参考にして，努力している目標に対して書いてください。

Q5 チームによる評価はどう進めていけばよいのですか。

A　チームによる評価をするには，評価のために集める資料や評価方法などについて話し合い，評価結果についても教師間で評価の視点などを共通理解することが大切です。

具体的には，例えば校内研修などで，子どもに何をさせて，どういった資料を保存しておけばよいのか，そして，評価の仕方について，子どもの実例を挙げて具体的に話し合うことが大切です。

「総合的な学習の時間」が始まったときも，子どもたちをどう見取ったらよいのか分からず，校内研修がたくさん行われました。道徳科でも，それと同じように，研修を実施することが必要です。

子どもの評価資料を複数の教師の目で見てその結果を比べることで，具体的な評価の視点や方法などを学ぶことができます。例えば，「授業中のこの発言はどうだったのか」「ワークシートに記述した内容はどう見取ればよいのか」「グループでの話し合いでどのようなことに気付いたのか」などていねいに話し合うことが大切です。その話し合いが，教師の評価能力を高めるとともに，授業改善にもつながるのです。

Q6 「優等生的反応」をしがちな子を評価する場合の注意点は何ですか。

A　「優等生的反応」とは，教師が求めている答えをすぐに探す子や，言動は伴わないが頭で正しいと思っている子の反応ですね。教師はその反応をそのまま評価してはいけません。

例えば問題場面の意味をきちんと理解しているのか，なぜそうすることが求められているのか，一面的でなくもっとほかの視点はないのかなど，子どもたちが考えを深められるような問い掛けをしていく必要があります。そのような問いに対しての子どもの言動を見取れば，表面的でなく，更に子どものよさを伸ばす評価，励ます評価になっていきます。

Q7　反応の薄い子を評価する場合の注意点はありますか。

A　反応が薄いという「表面」だけを捉えていては正確な評価はできません。発言はしないけれど真剣に考えている子や友達の話をしっかり聞いている子など，子どもたちの学びの姿は様々です。子どもたち一人一人をていねいに見取り，「この子は何を考えているのか」「この子のよさは何だろう」と温かい目線で子どもたちを理解することが大切です。

Q8　特別な支援を要する子には，どのような視点で所見を書けばよいのですか。

A　その子の障害による学習上の困難さの状況をしっかり踏まえたうえで評価することが大切です。「（合理的配慮を伴った指導をした結果，）相手の意見を取り入れつつ自分の考えを深めている」など，個人内評価でその子の成長を捉える所見がよいでしょう。自己肯定感が高まるような所見が適切です。

Q9　日常生活ともちょっと違う場面，例えば行事などでの子どもの評価はどうすればよいですか。

A　大きな行事は子どもをぐっと伸ばします。運動会などの大きな行事こそ，道徳の視点からの振り返りが必要です。「この行事を通してどのような心が育ったのか」「どのような心がまだ足りていないのか」を子どもたちに自覚させることが明日からの子どもの成長につながります。よい面は総合所見で評価しましょう。各学校でつくられている別葉を見直し，行事を道徳的視点から振り返ることをおすすめします。

第3章
高学年の所見 ＊文例集＊

本章は，所見の記入文例集です。
内容項目別に子どもの「よさ」や
「成長したところ」をキーワードで整理し，
子どもの成長度に合わせて◎○☆で
書き分けています。
子どもたちの姿を思い浮かべながら
アレンジしてください。

以下のテーマの学習についての所見は，文例の末尾にマークを付けました。

い …「いじめ」
体 …「体験的な学習」
情 …「情報モラル」
現 …「現代的な課題」

A 善悪の判断，自律，自由と責任

自由を大切にし，自律的に判断し，責任のある行動をすること。

物事の善悪について的確に判断し，自ら正しいと信じるところに従って主体的に行動すること，自由を大切にするとともに，それに伴う自律性や責任を自覚することに関する内容項目である。

（文部科学省「解説」より）

高学年は，自分で考え，行動しようとする時期です。自由のよさや意味を考えさせるとともに，自由に伴う責任についても多面的・多角的に考えられるとよいですね。

評価のキーワード
- ●自由の意味を考える
- ●自由の大切さを実感する
- ●自律的な行動をする
- ●責任のある行動をする

自由の意味を考える

◎「○○○○」の学習では，今までの自分を振り返って，自由な考えや行動のもつ意味について深く考えることができました。自由を正しく理解して振る舞うことの大切さに気付きました。

◎グループでの話し合い活動を通して，自由の意味について，いろいろな視点から考えることができました。自由だからこそできるよさについての考えが深まっています。 **現**

○自由の意味について授業を通して考え，自由と自分勝手は全く違うということに気が付き，自由のもつよさについて，自分の意見をみんなに発表することができました。

☆「○○○○」の学習では，自由な考えや行動のもつ意味についてみんなと考えました。本当の自由とは何か，自分の考えをワークシートにまとめました。

自由の大切さを実感する

◎「○○○○」の学習では，周囲のことを考えて行動することの大切さに気付きました。今後は，自由と自分勝手の違いを意識しながら生活しようとする意欲が高まっています。

◎役割演技を通して，自由にする側と自由にされる側両方の気持ちに寄り添い，自由を上手に使うことの大切さに気付きました。自由を大切にしていなかった自分を見直すことができました。 **体**

○自由がないと困るけれど，自由を大切にし過ぎてしまうことで迷惑をかけてしまうということに気付き，自由の大切さについて自分なりの考えをもつことができました。

☆自由を大切にすることについてみんなと話し合いました。話し合い活動では，友達の意見を聞いて，自分なりに自由について考えることができました。

A

自律的な行動をする

◎「〇〇〇〇」の学習では，自分が周囲に迷惑
　をかけずに行動できているかを考えることの
　大切さに気付きました。自分で考えて行動し
　ようとする気持ちをしっかりもっています。

◎自律的な行動とは何かを問題とした学習では，
　人に頼らず，迷惑をかけずに行動することの大切
　さに気付くことができました。自分の意志で判断
　して行動しようとする気持ちが高まっています。

○「〇〇〇〇」の学習では，登場人物の行動に
　ついて友達の意見を聞きながら考えを深め，
　自律的に行動するためにはどうすればよいか
　をワークシートにまとめることができました。

☆「〇〇〇〇」の学習では，友達の役割演技
　を見ることによって，自律的な行動とは何
　かを自分なりに考え，今までの自分を振り
　返る様子が見られました。 体

責任のある行動をする

◎「〇〇〇〇」の学習を通して，自分が自由
　に行動することによって必ず責任が伴うの
　だということに気付き，これからは責任の
　ある行動をしたいという思いを強めました。

◎今までの自分を振り返って，自由には常に責
　任のある行動が伴わなければならないことに
　気付くことができました。自由のよさについ
　て様々な視点から考えることができています。

○自由をテーマにした学習では，自由に伴う
　自己責任の重さに気付き，授業を通して自
　由に対する自分の気持ちに変化があったこ
　とを発表することができました。

☆登場人物の行動を実際に目の前で友達に
　やってもらうことで，自由には責任が必要
　なのではないかと，登場人物の行動に対し
　て葛藤する姿が見られました。 体

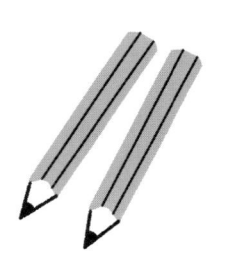

A 正直，誠実
誠実に，明るい心で生活すること。

偽りなく真面目に真心を込めて，明るい心で楽しく生活することに関する内容項目である。

（文部科学省「解説」より）

高学年になると，自分自身への誠実さが求められてきます。誇りや自信をもつために，自分自身に誠実に生きるよう励ましていきましょう。

評価のキーワード
- 誠実な生き方をする
- 明るい心で行動する
- 周囲に流されない
- 偽りなく生きる

誠実な生き方をする

◎「○○○○」の学習では，役割演技を通して，自分に誠実に生きようとする気持ちが相手に対する誠実な対応となることに気付きました。誠実な生き方をしようとする心をもっています。**体**

◎今までの自分を振り返って，自分の気持ちを偽らない誠実の大切さに気付きました。これからは，何に対しても真心を込めて接しようとする意欲が表れていました。

○友達の役割演技を見ることで，誠実な行動をとるには何が必要か考えをまとめることができました。今までの自分を振り返り，誠実について自分の考えをワークシートにまとめました。**体**

☆「○○○○」の学習では，誠実とは何かを考えることができました。友達と話し合う中で，自分も誠実な生き方をしたいという意欲が少しずつ育ってきています。

明るい心で行動する

◎「○○○○」の学習では，登場人物の心情をよく理解し，明るい心をもって行動することの大切さに気付きました。今までの生活を見つめ，明るく楽しい生活を送ろうとする気持ちがもてています。

◎明るい心で過ごすためには，自分の過ちを素直に認める強さが大切だと気付くことができました。これからの生活で，自分に対して誠実に生きようとする意欲が見られました。

○ゲストティーチャーであるカウンセラーへのインタビューを通して，様々な困難に出合っても，明るい心をもって行動することの大切さに気付くことができました。

☆「○○○○」の学習では，友達と話し合う中で，明るい心をもって行動することの大切さを考え，ワークシートに自分なりの気持ちを書き表しました。

周囲に流されない

◎「○○○○」の学習を通して，いじめが起こるような状況でも周囲に流されずに誠実に生きることの大切さに気付き，明るい心で生活しようとする気持ちが高まりました。 **い**

◎正直な心をテーマにした学習では，友達とは違う視点から考えを深めることができました。人に合わせ過ぎず，本当の気持ちを素直に言おうという気持ちが強まりました。

○いじめのアンケートを資料とした学習で，いじめについて考えました。友達との話し合いの中で，周囲に流されずに誠実に生きることの大切さに気付くことができました。 **い**

☆いじめについて考えた道徳の授業の中で，周囲に流されないことの大切さを話し合いました。更に「自分がどう行動すればよいのか」を考えられるとよいです。 **い**

偽りなく生きる

◎「○○○○」の学習では，自分がうそをつくことで周囲に迷惑をかけることを理解しました。振り返りでは，自分の心に偽りなく気持ちよく生活していきたいと意欲を高めていました。

◎教師の体験談から，うそをつくことはなぜいけないのかをグループで話し合い，考えを深めました。これからは自分の心に偽りなく，正直に伝えていきたいという気持ちが高まりました。

○「○○○○」ではうそをついてしまった主人公の心情を話し合いました。みんなと意見を出し合う中で，どうすればうそをつかなくていいのか，自分の考えを深めることができました。

☆新聞記事を読んで，正直に生きることについて自分の考えをもてました。今までの自分のことを考えながら，これからは偽りない心で生きていきたいと考えている様子が見られました。

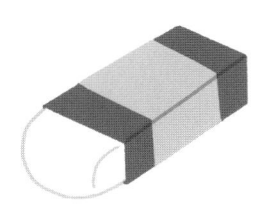

安全に気を付けることや、生活習慣の大切さについて理解し、自分の生活を見直し、節度を守り節制に心掛けること。

A 節度，節制

健康や安全に気を付け自立した生活ができるようにするための基本的な生活習慣を身に付けること、節度をもって節制を心掛けた生活を送ることに関する内容項目である。

（文部科学省「解説」より）

高学年になると、ともすると不規則な生活になりがちです。自分の生活を振り返り、改善すべき点を進んで見直すことで、基本的な生活習慣がなぜ大事かを深く理解させたいものです。

評価のキーワード
- ●危険から身を守る
- ●周囲の人の安全に気を付ける
- ●基本的な生活習慣を身に付ける
- ●節制に心掛ける

危険から身を守る

◎「○○○○」の学習では、自分が危険から身を守るだけでになく、周囲の人の安全も大切だということに気付き、生活の中で実践しようとする意欲が高まりました。

◎インターネットやスマートフォンを使うときは、ルールを守ることが大切だということに気付きました。そして、自分の身を守ることは周囲の安全にもつながることを理解しました。**情**

○周囲の状況をよく見て、危険から自分の身を守ることが大切だということに気付き、「○年○組安全マップ」に、自分なりに考えた安全策を書き込みました。

☆「○○○○」の学習を通して、危険から身を守るにはどうしたらよいのか考えました。更に周囲の人の安全に気を配ることの大切さにも気付けるとよいです。

周囲の人の安全に気を付ける

◎「○○○○」の学習では、周囲の人の安全に気を付けることの大切さに気付きました。友達との意見のやりとりの中から、安全とは自分からつくれるものだと理解しました。

◎交通事故を扱った教材を通して、自分や相手の身を守ることを大切にする思いを深めました。生きていくうえでの危機管理の意識をしっかり身に付けようとする意欲が高まりました。

○映像教材から、自然災害は、自分たちの意識次第で被害を小さくすることができることを学び、これまでの生活を振り返り、これからの生活を見つめ直しました。**現**

☆教師の「周囲の人の安全に気を付けるためにはどのようにすればよいか」という質問に対し、考えて行動することの大切さについて考えることができました。

基本的な生活習慣を身に付ける

◎「○○○○」の学習では，登場人物の姿から自分自身の生活習慣にも問題があったことに気付き，これからは高学年らしい生活習慣を身に付けたいという意欲を高めました。

◎正しい生活習慣について話し合い，友達の意見を受けて，常に改善していくことが大切であることに気付きました。今までの生活を見直し，何を直せばよいのか理解できています。

○夏休みのしおりをもとに，生活習慣について見直しました。規則正しい生活ができなかったことを反省し，今後は改善していきたいというように気持ちを改めました。

☆「○○○○」の学習では，登場人物の行動をみんなと話し合い，今までの自分を振り返ろうとする気持ちをもちました。生活を改めようとする気持ちが育ってきています。

節制に心掛ける

◎「○○○○」の学習では，ルールを守り切れない心情をいろいろな立場になって考えることができました。周囲や自分のために強く節制に心掛けることが大切だという気持ちが表れていました。

◎インターネットを使うときは，節度を守ることが大切だということを学びました。そして，今までの自分を振り返り，今後はルールを守っていきたいという考えを深めました。　情

○「○○○○」の学習では，登場人物の行動に自分を照らし合わせながら，節制に心掛ける方が自分のためになることに気付きました。節制のよさについて考えをまとめることができました。

☆「○○○○」の学習では，登場人物の行動に自分を照らし合わせながら，今後はどうすれば節度を守って行動できるかを考えようとする様子が見られました。

A 個性の伸長

自分の特徴を知って，短所を改め長所を伸ばすこと。

個性の伸長を図るために積極的に自分の長所を伸ばし，短所を改めることに関する内容項目である。

（文部科学省「解説」より）

自分の長所とともに短所も見えてくる時期です。将来についても考える頃です。課題を見つめつつ自己を高めようという意欲を伸ばしていきましょう。

評価のキーワード
- ●自分の特徴を捉える
- ●短所を改善する
- ●長所を伸ばす
- ●生き方を見つめる

自分の特徴を捉える

◎「○○○○」の学習では，これまでの自分を振り返りながら，「良いところも悪いところも含めて自分なんだ」と理解することができ，自分らしさを求める気持ちが高まりました。

◎個性について，それぞれの個性は大切にされるものであり，尊重し合うことで理解し合えることの大切さに気付きました。今までの自分を振り返り自分の特徴を見直すことができました。

○「○○○○」の学習を通して，自分にとっては短所だが，友達にとっては長所にもなり得ることがあるなど，特徴は人によって様々な捉え方があるのだと気付きました。

☆グループの中で，お互いの個性を伝え合いました。自分の中にあるよいところを見つけたり，直したいところを考えたりする力がついてきています。

短所を改善する

◎「○○○○」の学習では，登場人物のように自分の短所に向き合うことの大切さに気付きました。短所を改善する手立てをいろいろな視点から具体的に考えることができました。

◎自分の中の短所を改善する方法として，その短所の見方を変えることによって，気持ちが変わることに気付き，今後の生活で実践しようとする意欲が高まりました。

○「○○○○」の学習を通して，自分の短所に気付きました。これからはそんな自分をきらいにならずに，どうしていくべきかを考えようとする姿が見られました。

☆「○○○○」の学習で，登場人物が自分の短所に向き合うところを読んで，自分の中の短所を変えていきたいという心が育ってきていました。

長所を伸ばす

◎「○○○○」の学習では，自分の中にある個性について深く考え，自分なりの長所を見つけて，それを伸ばすことが大切だということに気付くことができました。

◎個性について，これまでの自分の心と向き合いました。今まではあまり長所はないと思っていましたが，学習の中で，自分にもたくさん長所があることに気付くことができました。

○自分の長所と短所を見つめた学習では，家の人からの手紙を読み，「これからは自分の長所を伸ばして，自分をもっと好きになれたらいいな」という考えを深めました。

☆「○○○○」の学習では，個性について考え，友達と話し合う中で，自分の長所を見つけることができました。これからも長所を伸ばしていこうとする気持ちが育ってきています。

生き方を見つめる

◎「○○○○」の学習では，登場人物の個性を生かした生き方を見て，自分の中にも個性があることに気付き，「自分を誇れるようになりたい」という意欲が高まりました。

◎学習で紹介した○○さんの生き方を通して，これまでの自分を振り返りました。「なりたい自分」になるために，個性を磨くことが大事なのだという考えを深めました。

○これまでの道徳ノートを見ながら，自分の生き方を見つめ直しました。自分の成長を感じるとともに，これからも成長していきたいという思いが伝わってきました。

☆「○○○○」の学習では，登場人物の個性を生かした生き方を見て学びました。自分の将来を見つめて，どのように生きたらよいのかを考える力が育ちつつあります。

A

主として自分自身に関すること

より高い目標を立て，
希望と勇気をもち，
困難があってもくじけずに
努力して物事をやり抜くこと。

A 希望と勇気，努力と強い意志

自分の目標をもって，勤勉に，くじけず努力し，自分を向上させることに関する内容項目である。

（文部科学省「解説」より）

先人の生き方に触れる機会が多くなり，夢や希望をふくらませる時期です。困難を乗り越える人間の強さに触れさせ，勇気をもって自分の夢に向かうよう励ましていきましょう。

評価のキーワード
- ●高い目標を設定する
- ●希望をもつ
- ●勇気をもつ
- ●困難を乗り越える
- ●強い意志をもつ
- ●実行力をもつ

高い目標を設定する

◎「〇〇〇〇」の学習では，高い目標を目指して頑張る筆者の心情に触れ，たとえつらいことがあっても強くたくましく生き続けることが大切なことに気付き，実践意欲が高まりました。

◎「〇〇〇〇」の学習では，自己の向上のために高い目標をもつ大切さに気付きました。今後は，自分の目標をもってこれからの生活に臨みたいという気持ちが高まりました。

〇高い目標を立てるためにはどのようなことが必要なのかを話し合いました。その中で，自分の目標となる人を探し，具体的なイメージをもつことが必要だと気付きました。

☆「〇〇〇〇」の学習では，高い目標を目指して頑張る筆者の心情に触れ，友達との話し合いの中で，自分も高い目標をもとうとする気持ちが見られました。

希望をもつ

◎「〇〇〇〇」の学習では，希望をもって生き抜いた人物の心情をよく理解し，自分の未来について深く考えることができました。これからは，希望をもって明るく生きたいという思いが伝わりました。

◎自分の夢や希望をもつことの大切さを実感できました。今までの自分を振り返り，これからは理想を高くもち，希望をもって生活していきたいという思いが高まりました。

〇「〇〇〇〇」の学習では，希望をもって生き抜いた筆者の人生を学び，自分もこうなりたいと考えを深め，友達と意見を交換することができました。

☆希望をもち生き続けたアンネ・フランクの生き方を学び，希望をもつことの大切さに気付き始めました。これからは明るく希望をもって生きようとする意欲が育ってきています。

A

勇気をもつ

◎「〇〇〇〇」の学習では，勇気の意味を理解し，はっきりと自分の気持ちが言えない性格でも，今後は，勇気をもって堂々と言おうとする気持ちを強くもつことができました。

◎勇気をテーマにした学習を通して，今までの自分は勇気がないばかりにチャンスを見逃してきたことに気付きました。これからは，勇気をもって行動したいという意欲が高まっています。

○バスや電車で座席を譲るべきか悩んだという新聞の記事を読み，今後同じような場面があったら，勇気をもって臨まなければいけないという気持ちをもちました。現

☆「〇〇〇〇」の学習では，登場人物の葛藤を見て，自分もそういうときに勇気がもてるかを考え，友達と話し合うことができました。勇気について自分なりの考えをもっています。

強い意志をもつ

◎「〇〇〇〇」の学習では，誰にでも弱さがあるけれど，譲れない思いは強い意志をもって実行することが大切であることに気付き，今後の生活に生かそうとする意欲が見られました。

◎夢と現実の違いに悩みながらも，あきらめずに生きる大切さに気付くことができました。今後は，自分も強い意志をもってやりたいことを実行する力を身に付けたいという思いが伝わってきました。

○「〇〇〇〇」の学習では，登場人物の心情を理解し，今までの自分には実行できるだけの意志が弱かったことに気付くことができました。

☆夢と現実の違いを乗り越えるためには，強い意志をもって実行することが大切なのだという話し合いに参加し，自分のことを振り返ろうとする気持ちが育ってきました。

困難を乗り越える

◎「〇〇〇〇」の学習では，困難を乗り越えるためには，努力の継続がとても大切であることに気付き，一つ一つのことに対してまじめに取り組んでいきたいという意欲が高まりました。

◎困難を乗り越えた筆者の生き方について，様々な立場から話し合いました。自分の中にある弱さを理解したうえで，それでも未来に向けて努力していきたいという思いを深めました。

○オリンピック開幕を控え，オリンピックで活躍した選手たちの話を聞きました。困難を乗り越えてきた選手の力強い生き方に感動し，今までの自分を見つめ直しました。現

☆「〇〇〇〇」の学習では，困難を乗り越える筆者の生き方を学び，努力できることがすばらしいと考えました。自分も見習っていきたいという気持ちが育ってきています。

実行力をもつ

◎苦労を重ねながらも目的を果たした主人公に共感し，実行力をもつことの大切さに気付きました。今後は，困難なことにも立ち向かおうとする気持ちが育っています。

◎実行するために必要なことをいろいろな視点から考えることができました。今までの自分に実行力が欠けていたことに気付き，これからは力強く実行していく意欲が高まりました。

○「卒業までに学校のためにできること」をテーマに，みんなでできることを話し合いました。その中で，みんなで協力すれば大きな実行力になるということに気付きました。

☆実行力についてみんなで話し合いました。友達の「困難を乗り越えようとする気持ちが大切」という言葉に共感し，ワークシートに思いを書くことができました。

真理を大切にし，物事を探究しようとする心をもつこと。

A 真理の探究

自己をより創造的に発展させ，科学的な探究心とともに，物事を合理的に考え，真理を大切にしようとすることに関する内容項目である。

（文部科学省「解説」より）

知的な喜びをもてる時期です。授業でも学問や科学の進展に貢献した人の生き方に触れさせるなどして，探究心を育てていきましょう。

評価のキーワード
- 真理を求める
- 探究する意欲がある
- 生活をよりよくする工夫をしている
- 新たな見方や考え方を発見する
- 夢や希望の実現を目指す

真理を求める

◎「〇〇〇〇」の学習では，主人公の疑問に思うことを追求する気持ちに共感し，真理を求める大切さを理解しました。今後の生活の中で，真理を探究する意欲が育っています。

◎〇〇さんの真理を求める姿に感銘を受け，自分も何かを探究したいという意欲が高まっています。これまでの自分を振り返りながら，生活をよくしたいという思いが伝わってきました。

〇真理を求め続けた偉大な科学者の話を知り，今までの自分はすぐにあきらめていたことに気付きました。真理を求める大切さについて自分の考えをもつことができました。

☆「〇〇〇〇」の学習では，登場人物の真理を求める心情を理解しようとする姿が見られました。自分に振り返って考えられるようになると，更にすばらしいです。

探究する意欲がある

◎「〇〇〇〇」の学習では，登場人物が研究に対してひたむきに探究する意欲に感銘し，自分に足りなかったところを振り返りながら，今後の自分の行動に意欲を見せていました。

◎なぜ人は探究する意欲をもつことができるのか，いろいろな立場から考えることができました。意欲をもつことのよさに気付き，今後は積極的に関わっていきたいと考えました。

〇2つの教材から，探究する意欲がなぜ人間に備わっているのか，自分の考えをまとめることができました。今までの自分を振り返って，自分の可能性に気付くことができました。

☆探究する意欲があれば，これからの生活をより楽しむことができることを学びました。具体的にどのように行動していけばよいかを，今考えているところです。

生活をよりよくする工夫をしている

◎「○○○○」の学習では，生活をよりよくするためにはどうすればよいのか，考えを深めました。これからは工夫することで時間を大切にしたいという意欲が高まりました。

◎○○さんの生き方を知ることで，今の生活に甘んじることなく，新たな見方や考え方を加える大切さに気付きました。今後の生活の充実を実現していこうとする気持ちが高まりました。

○「生活をよりよくする工夫」というテーマで，アイディアを出し合いました。話し合いの中で，自分たちができることに気付くことができました。

☆「○○○○」の学習では，生活をよりよくするためにはどのようなことに気を付けたらよいのか，友達の意見に対して熱心に耳を傾けていました。

夢や希望の実現を目指す

◎「○○○○」の学習を通して，夢や希望を実現することは，困難なこともあるけれどすばらしいことだということに，自ら気付き，夢に向かって取り組む意欲が高まりました。

◎夢や希望について様々な視点から考えることができました。研究を続けてすごい発見をした○○さんの生き方を知り，自分も夢をかなえられるように希望をもち続ける意欲が高まりました。

○「○○○○」を作った○○さんの生き方を知り，夢や希望を実現することのすばらしさを，友達との話し合い活動の中で気付くことができました。実現するための手立てについて考えることができました。

☆「○○○○」の学習を通して，友達の意見を聞きながら，夢や希望の実現は大変だけれど，それだけの価値があることに気付き始めています。

新たな見方や考え方を発見する

◎「○○○○」の学習では，登場人物の生き方から新たな見方や考え方を発見することの大切さに気付きました。自分とのつながりを感じ，自分もそんな生き方をしたいという意欲を高めました。

◎ノーベル賞を受賞した○○さんの研究について，新たな発見は未来を明るくし，人々の役に立つことに気付きました。今後は，自分も様々な角度から物事を見たいという思いを深めました。

○「○○○○」の学習を通して，新たな見方や考え方を得ることは難しいけれど，自分の生き方をよりよくしていくために必要なことなのだと気付くことができました。

☆映像教材を見ながら，新たな見方や考え方の発見をすることの大切さを学びました。友達に自分の思いを伝えることができているので，文章に書けるともっとすばらしいです。

誰に対しても思いやりの心をもち，相手の立場に立って親切にすること。

B 親切，思いやり

よりよい人間関係を築く上で求められる基本的姿勢として，相手に対する思いやりの心をもち親切にすることに関する内容項目である。

（文部科学省「解説」より）

客観性が出てくるので，相手の立場を自分に置き換えて考えられるようになります。どういう対応が相手のためになるのか，深く考えられるように指導していきましょう。

評価のキーワード
- ●相手の立場に立って考える
- ●相手のためになる言動をする
- ●誰に対しても思いやりをもつ
- ●親切な行為をする

相手の立場に立って考える

◎「○○○○」の学習では，1枚の写真から，それぞれの立場や考えがあるということを理解することができました。相手の立場に立って行動することが本当の親切だと気付きました。

◎スマートフォンに関する社会問題について，文面だけでは相手にうまく伝わらないことに気付きました。これからは，相手の立場に立って直接伝えたいと考えを深めました。**情**

○スマートフォンに関する社会問題について話し合いました。今までの自分を振り返り，相手の立場に立って言葉を選ぶことが大切だという気持ちをもちました。**情**

☆「○○○○」の学習では，相手の立場に立っていない主人公の行動について考えました。これからは，どのように行動すべきなのか，みんなと話し合うことができました。

相手のためになる言動をする

◎「○○○○」の学習では，相手のためにどのような言葉を掛けるとよいのか役割演技を通して真剣に考えを深めることができました。本当の思いやりの理解が深まっています。**体**

◎いじめ問題を扱った学習では，たとえ仲のよい友達でも，悪いことを止めないのは相手のためにならないことに気付きました。いじめに対して，しっかりと止めるべきだという気持ちを強くもちました。**い**

○「○○○○」の学習では，映像教材を見て，登場人物の葛藤に共感しました。相手のためになる行動とは，ただの親切と必ずしも一致するものではないと気付きました。

☆「○○○○」の学習では，役割演技を通して，相手のためにどのような言葉を掛けるとよいのか，自分の考えをもったり整理したりすることができました。**体**

誰に対しても思いやりをもつ

◎「○○○○」の学習では，誰に対しても思いやりをもつことは大変だということを理解しつつも，そのように振る舞える登場人物に共感し，自分もそうなりたいという思いを深めました。

◎誰に対しても思いやりをもつことができるかという問題に対して，様々な立場から考えることができました。誰にでも同じような気持ちで接することが大切なのだと気付くことができました。

○「○○○○」の学習では，誰に対しても思いやりをもって接することができる登場人物に共感し，自分の周りの誰に対しても思いやりの気持ちをもちたいという思いが伝わってきました。

☆「思いやり探し」の学習では，友達の思いやりのある行動に気付いて，カードに書き込み，相手に知らせることができました。思いやりをもつことの大切さに気付き始めています。

親切な行為をする

◎「○○○○」の学習を通して，主人公に共感し親切とおせっかいの違いに気付き，これからは相手の立場に立った親切を考えていくことが大切だと考えを深めました。

◎外国の旅行者が日本の人々の親切に驚いた記事を見て，親切な行為をすることのすばらしさを理解しました。今後は，親切な行動を積極的に心掛けたいという意欲が見られました。

○「○○○○」の学習を通して，親切な行為をするよさや喜びに気付きました。これからは，積極的に様々な人に対して親切をしたいと語る姿が見られました。

☆「○○○○」の学習を通して，親切な行為をするよさや喜びをみんなで話し合いました。友達の話を聞いて，自分の考えをまとめようとしていました。

B

主として人との関わりに関すること

日々の生活が家族や過去からの多くの人々の支え合いや助け合いで成り立っていることに感謝し，それに応えること。

B 感謝

自分の日々の生活は多くの人々の支えがあることを考え，広く人々に尊敬と感謝の念をもつことに関する内容項目である。

（文部科学省「解説」より）

高学年になると，視野が広くなってきます。周りの人々の支えや温かなつながりに感謝し，その善意に応え，自分のすべきことを実行する意欲をもたせたいですね。

評価のキーワード
● 善意に気付く
● 感謝する心をもつ
● 支え合いや助け合いに感謝する
● 善意に応える

善意に気付く

◎「○○○○」の学習を通して，自分の生活の周囲にはたくさんの人々の支えと善意があることに気付き，今後は自分もその恩返しがしたいという思いを深めました。

◎掃除をしている人たちの写真を見て，普段通っている道は，多くの善意によって美しく保たれていることに気付き，これからは感謝の気持ちをもち，自分も参加したいと意欲を高めました。

○「○○○○」の学習では，グループ学習で友達と意見交換をすることで，自分の生活の周囲にはたくさんの人々の支えと善意があることに気付くことができました。

☆「善意」について考える時間では，友達の意見を聞きながら，様々な善意のもとに生活が成り立っていることを理解しようとする様子が見られました。

感謝する心をもつ

◎「○○○○」の学習では，多くの人々が自分を支えていることに気付き，感謝の気持ちを深めました。これからは，周囲に対して感謝の気持ちを表したいという意欲をもちました。

◎これまでに多くの人から支えられた経験を話し合う学習で，自分がこれまでに受けていた温かい支えを振り返り，感謝の気持ちを強くもちました。

○「○○○○」の学習では，たくさんの人々が自分を支えていることに気付き，その温かなつながりに対して感謝したいという気持ちをまとめることができました。

☆「○○○○」の学習では，今までの自分を振り返って，周囲に対して感謝したいという気持ちが育ちつつあります。ワークシートに周りの人に対する自分の思いを書くことができました。

支え合いや助け合いに感謝する

◎「○○○○」の学習を通して，支え合いや助け合いによって，多くの困難を乗り越えられることに気付きました。周囲に感謝し，自分にできることをしたいと意欲を高めました。

◎感謝について，友達と様々な視点から考えることができました。世の中には，支え合いや助け合いが必要であり，一人では生きていけないことに気付き，支え合う気持ちが高まりました。

○「感謝」をテーマにした学習では，世の中には，支え合いや助け合いが必要であり，一人では生きていけないとみんなに発表しました。感謝の気持ちが育っています。

☆「感謝」をテーマにした学習では，登場人物の行動から，支え合いや助け合いはとても大切なものなのだと，自分の考えをワークシートにまとめていました。

善意に応える

◎「○○○○」の学習では，改めてたくさんの方々に支えられていることや善意に応えることの大切さに気付きました。これから，自分にできることをしたいという思いが伝わってきました。

◎家族や地域に自分が育てられ，助けられていることに気付き，そこには多くの善意があることを知りました。高学年として，その善意に応えたいと意欲を高めました。

○教材を通して，自分たちが周囲に支えられていることを知った○○さんは，善意に応えていくことが大切なのだと気付くことができました。今後の行動に期待がもてます。

☆「○○○○」の学習では，教材から自分たちが周囲に支えられていることを知り，感謝の気持ちが育ちつつあります。善意に応えられるようになると，もっとすばらしいです。

B

主として人との関わりに関すること

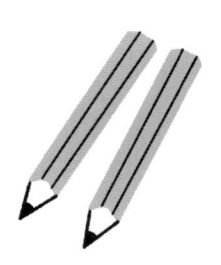

時と場をわきまえて、礼儀正しく真心をもって接すること。

B 礼儀

人との関わりにおける習慣の形成に関するものであり、相互の心を明るくし、人と人との結び付きをより深いものにするための適切な礼儀正しい行為に関する内容項目である。

（文部科学省「解説」より）

高学年は、恥ずかしさや照れから、気持ちが素直に行動に表れないこともあります。行動に表す意欲を高められるよう励ましていきましょう。

評価のキーワード
- ●適切な言動をとる
- ●心のこもった接し方をする
- ●礼儀を通して相手を尊重する
- ●礼儀作法を重視した文化に触れる
- ●相手の立場や気持ちに応じた対応をする

適切な言動をとる

◎「○○○○」の学習では、礼儀作法についての理解を深め、場面に応じて適切な言動をすることの大切さに気付き、真心をもって接しようとする考えをしっかりもつことができました。

◎デパートの接客術を紹介する映像教材を見て、礼儀作法についての理解を深めました。自分も正しい礼儀作法を身に付けていきたいという思いを強くもつことができました。**現**

○礼儀作法についてみんなで話し合いました。動作化を通して、適切な言動をすることによって相手に真心が伝わることを実感することができました。**体**

☆「○○○○」の学習では、礼儀作法についての理解を深めました。礼儀について興味をもち始めているので、場面ごとに適切な言動を心掛けられるようになると、更によいです。

心のこもった接し方をする

◎「○○○○」の学習を通して、相手の立場や気持ちを考えて心のこもった接し方をすることの大切さに気付き、今後の生活に生かしていきたいという気持ちをもちました。

◎礼儀正しく対応する即興的な役割演技を通して、心のこもった接し方は、する方もされる方も気持ちがよいことに気付きました。真心の大切さについて、様々な視点から考えることができました。**体**

○主人公の今までの接し方と、心のこもった接し方の違いを見比べることで、真心をこめた接し方は相手にその思いが伝わると気付き、発表する姿が見られました。

☆「○○○○」の学習を通して、心のこもった接し方をすることが大切であるという友達の意見を聞いて、礼儀を身に付けていきたいという気持ちを育てています。

礼儀を通して相手を尊重する

◎「〇〇〇〇」の学習では，互いの文化を尊重し合う登場人物の行動から，相手を尊重する気持ちの大切さに気付き，これからは，自分もそうありたいと意欲を高めました。

◎礼儀をテーマにした学習では，相手を尊重する気持ちの大切さにいち早く気付き，今までの自分を振り返る中で，生活の中での自分の礼儀を見直すことができました。

○「〇〇〇〇」の学習では，互いの思いを尊重し合う登場人物の行動から，礼儀を通して相手を尊重する気持ちの大切さに気付き，ワークシートに考えを書きました。

☆礼儀を通して相手を尊重することの大切さを道徳の時間で話し合いました。自分にできることをカードに書き，礼儀について自分なりの考えをもてました。

相手の立場や気持ちに応じた対応をする

◎「〇〇〇〇」の学習で，相手の立場に応じた言葉遣いの大切さを理解しました。振り返りでは，自分の言葉遣いについて考え，見直そうとする気持ちが高まりました。

◎よい挨拶の仕方を考える役割演技を通して，相手の立場や気持ちを考えながら，心のこもった挨拶をすることの大切さを学びました。時と場に応じた挨拶の大切さを十分に理解しています。**体**

○よりよい挨拶の仕方を考える友達の役割演技を見て，挨拶をされた側の表情に注目し，相手の気持ちに応じた挨拶のよさに気付きました。**体**

☆「〇〇〇〇」の学習では，登場人物の相手の立場や気持ちに応じた対応を読み，自分にもできるかもしれないという気持ちが育ちつつあります。

礼儀作法を重視した文化に触れる

◎「〇〇〇〇」の学習では，茶道の奥深さを知り，礼儀作法は私たちの日本に古くから伝わる大切な文化であることに気付き，これからも大事にしたいという思いを深めました。**現**

◎「〇〇〇〇」の映像教材を見たあと，挨拶を実際にしてみることで，礼儀作法の美しさに気付きました。その体験をもとに，礼儀について考えていきたいという意欲を高めました。**体**

○会津藩に伝わる「什の掟」を学び，礼儀作法は私たちの日本に古くから伝わる大切な文化であることを，話し合いを通して気付くことができました。

☆「〇〇〇〇」の学習を通して，礼儀作法は私たちの大切な文化であることを知り，もっと知りたいという思いが育ってきています。礼儀作法のよさを発表できました。

B

主として人との関わりに関すること

B 友情，信頼

友達と互いに信頼し，学び合って友情を深め，異性についても理解しながら，人間関係を築いていくこと。

友達関係における基本とすべきことであり，友達との間に信頼と切磋琢磨（せっさたくま）の精神をもつことに関する内容項目である。

（文部科学省「解説」より）

閉鎖的な友達関係や友達同士のトラブルも増えてくる時期です。異性への関心も強まります。互いの人格を尊重し合う人間関係をつくれるよう，励ましていきましょう。

評価のキーワード
- ●互いに信頼する
- ●真の友情を育てる
- ●人格を尊重し合う人間関係を築く
- ●健全な友達関係を築く

互いに信頼する

◎「○○○○」の学習では，互いに信頼し合う言動とはどのようなものかを，役割演技を通して学びました。本当の友情とは何か，様々な視点から考えが深まっています。体

◎教材を通していじめ問題に気付き，周囲に惑わされずに互いに信頼することが真の友情であると気付きました。「これからはいじめは絶対に許さない」という気持ちが伝わってきました。い

○いじめ問題について話し合いました。話し合いの中で，周囲の言動に惑わされることなく，互いに信頼することが大切だと気付きました。い

☆互いに信頼し合う言動とはどのようなものかを，友達が役割演技をしている姿を見て学びました。友情について考える気持ちが育ってきています。体

真の友情を育てる

◎「○○○○」の学習では，言いづらくても友達なら，その人のためになることを言うことが大切であることを理解しました。学び合いながら友情を育てていこうとする気持ちが高まっています。

◎真の友情とは，相手のことを考えて悪いことは悪いと言えることが大切だと気付きました。「信頼があるからこそ本音が言えるのだ」と発言し，学び合うことの大切さを理解しました。

○映像教材を見て，登場人物の心情を理解しました。そして，友達だと思うなら，その人のためになることを言うべきだと気付きました。

☆「真の友情とは何か」についてみんなで話し合いました。自分なりに今までの友達関係を振り返り，これからどうすることがよいのかを考え始めています。

人格を尊重し合う人間関係を築く

◎「○○○○」の学習では，登場人物の言動から，人格を尊重し合うことは，よりよい人間関係を築く方法であると気付き，これからの自分を変えていきたいとの思いが高まりました。

◎「○○○○」の学習では，それぞれにお互いの人格を尊重し合うことが大切だと気付き，友達に対するこれまでの自分の言動をしっかりと振り返ることができました。

○スケール表を用いた「○○○○」の学習では，登場人物の葛藤に共感し，人格を尊重し合うことは，よりよい人間関係を築く方法であると気付くことができました。

☆「○○○○」の学習では，人格を尊重し合うことが大切であると学びました。「自分も尊重し合えたらいいな」とワークシートにまとめることができました。

健全な友達関係を築く

◎「○○○○」の学習を通して，今までの異性との付き合い方について振り返り，これからはしっかりとした理解をして健全な友達関係を築きたいという考えを深めました。

◎友達関係をよりよくするためには何が必要かを様々な視点から考えました。異性について，遠慮していた自分を見つめ直し，理解をもって関わっていきたいと意欲を高めました。

○「○○○○」の学習では，教師の質問に対して，これまでの異性との付き合い方について振り返り，友達関係をどのようにしたらよいか，考えることができました。

☆「○○○○」の学習を通して，同性，異性関係なく，友達関係を築くことの大切さを学び，今までの自分を振り返ろうとする様子が見られました。

B

主として人との関わりに関すること

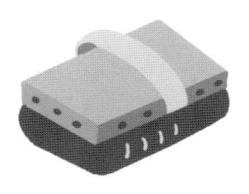

B 相互理解, 寛容

自分の考えや意見を相手に伝えるとともに，謙虚な心をもち，広い心で自分と異なる意見や立場を尊重すること。

広がりと深まりのある人間関係を築くために，自分の考えを相手に伝えて相互理解を図るとともに，謙虚で広い心をもつことに関する内容項目である。

（文部科学省「解説」より）

自分の意見と相手の意見の違いを意識する時期です。違う意見を遠ざけるだけではなく，相手の考えに耳を傾けることでよりよいものが生まれることにも気付かせたいものです。

> **評価のキーワード**
> ●謙虚な心をもつ
> ●広い心で相手を尊重する
> ●相手の立場に立って考える
> ●異なる意見や立場を尊重する

謙虚な心をもつ

◎「○○○○」の学習では，相手も自分と同じように失敗することがあるのだから，謙虚な心をもつことが大切なのだと理解しました。自分と異なる考えを大切にしようとする気持ちがもてています。

◎「謙虚さ」について話し合いました。自分のことを振り返り，今までは自分に甘く，人に厳しくしていたことに気付き，これからは謙虚な心をもちたいと意欲を高めました。

○「○○○○」の学習では，登場人物の行動から，謙虚な心をもつことの大切さに気付きました。相手を責める前に，自分のことを振り返りたいと考えることができました。

☆ランキング法を用いた「○○○○」の学習では，謙虚な心をもつことが相手への理解につながることが分かりました。これからの行動に期待がもてます。

広い心で相手を尊重する

◎「○○○○」の学習では，登場人物の行動の理由を考え，広い心をもつことの大切さに気付くことができました。生活を振り返りながら，広い心で周囲に接したいと意欲を高めました。

◎広い心とはどのような心か，いろいろな視点から考えを広げることができました。自分の体験を交えながら，相手のことを考えることで広い心をもてるのだという気持ちをもちました。

○いじめに関する問題を扱った教材を読んで，「もっとみんなが広い心をもてば，お互いを認め合ったり，許し合えたりするのではないか」と気付くことができました。い

☆いじめに関する問題を扱った教材を読んで，自分には広い心が足りなかったと考えていました。今後の生活について，どのように過ごしたらよいかを考え始めています。い

相手の立場に立って考える

◎「○○○○」の学習を通して，メールなどのやりとりだけでは，うまく気持ちが伝わらないことに気付きました。相手の立場に立って行動していこうとする気持ちが高まりました。**情**

◎相手の立場に立って考えることの難しさを理解しながらも，自分がそのようにされたらどう思うかを真剣に考えて相手に伝えることが大切なのだと気付くことができました。

○実際のメールなどのやりとりを見ることで，文面によって相手に気持ちを勘違いされることに気付きました。自分の口で直接伝えたいという思いが伝わってきました。**情**

☆「○○○○」の学習を通して，相手の立場に立って行動するとはどういうことか話し合いました。今までの自分の行動は正しかったのか葛藤する姿が見られました。

異なる意見や立場を尊重する

◎「○○○○」の学習を通して，異なる意見に対して耳を傾け，様々な立場を尊重することのよさに気付くことができました。今後は，周囲の意見を大切にしたいという意欲が高まっています。

◎異なる意見や立場を尊重しなければ，協力はできないことに気付き，これまでの自分の生活を振り返りながら，友達と真剣に意見を交換している姿が見られました。

○相互理解をテーマにディベートをしました。異なる意見に対して耳を傾け，それぞれの立場を尊重することのすばらしさに気付くことができました。

☆友達と今までの自分の生活について話し合いました。これからは，自分の考えを押し通すだけでなく変わっていきたいという気持ちが育ってきています。

B

主として人との関わりに関すること

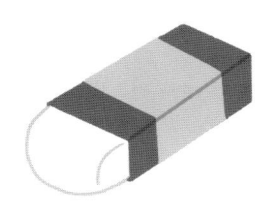

C 規則の尊重

法やきまりの意義を理解した上で進んでそれらを守り，自他の権利を大切にし，義務を果たすこと。

生活する上で必要な約束や法，きまりの意義を理解し，それらを守るとともに，自他の権利を大切にし，義務を果たすことに関する内容項目である。

（文部科学省「解説」より）

高学年では，社会生活上のきまりやマナーの意義について理解し，みんなで互いの権利を尊重し合い，自らの義務を進んで果たそうとする態度を育てていきましょう。

評価のキーワード
- ●遵法の精神をもつ
- ●法律を守る
- ●きまりを守る
- ●自他の権利を尊重する
- ●義務を進んで果たす

遵法の精神をもつ

◎「○○○○」の学習では，なぜ法律が必要なのかを考えることで，きまりの意義やよさについて理解し，これからもきまりを守っていこうとする意欲を高めました。**現**

◎駅前の駐輪場の写真から気付いたことを話し合い，遵法の精神について考えを深めました。自分にできることは何かを考えるなど，意欲の高まりがみられました。**現**

○ごみのポイ捨てを禁止する看板の写真から，遵法の精神について学びました。問題解決的な学習を通して，きまりを守ることが自他の権利を守ることに気付きました。**現**

☆遵法の精神の学習では，きまりを守ることはなぜかを考えることができました。話し合いを通して，自分もきちんときまりを守る生き方をしたいという意欲が少しずつ育ってきています。**現**

法律を守る

◎「○○○○」の学習では，役割演技を通して互いの権利を尊重する重要性を理解し，社会生活において法律を守っていこうという意欲が高まりました。**体 現**

◎法律の必要性について，社会科で学習した国会の仕組みを参考に，考えを深めることができました。これからも社会のために義務を果たそうとする意欲が高まりました。**現**

○法律やきまりを守ることの学習では，今までの自分を振り返り，自分の都合や見つからなければいいという理由できまりを破っていたことに気付きました。**現**

☆法律について考える学習では，友達と話し合う中で，きまりが必要な理由をワークシートに書くことができました。きまりを守ろうとする心が芽生えています。**現**

きまりを守る

◎「○○○○」の学習では，なぜ規則があるのかについて理解を深めました。また，きまりがない場合でも，どのように行動すればよいか気付くことができました。**現**

◎きまりを守らないと大きな迷惑になることを理解し，グループ学習では解決方法について意見を出し合いました。きまりのよさについて，いろいろな視点から考えることができました。**現**

○きまりや規則の学習では，ルールの決め方について話し合いました。相手の権利を尊重する視点が必要であることに気付き，自分の考えをまとめることができました。**現**

☆きまりを守ることの必要性について自分の考えをもてています。学校生活でもきまりを守って行動しようとする気持ちが少しずつ育ってきています。**現**

義務を進んで果たす

◎「○○○○」の学習では，進んで義務を果たすことが全体の利益につながることに気付き，今，自分に任されている仕事をしっかりと果そうとする意欲が高まりました。

◎「もし全員が義務を果たさなかったら」という役割演技を通して，義務の重要性に気付きました。同時に，社会が成り立つ仕組みについて様々な視点から考えを深めました。**体**

○規則の尊重の学習では，今までの自分を振り返って，学級の係活動の仕組みを例に出し，義務を進んで果たすことの重要性について気付き，発表しました。

☆役割演技を通して，与えられた仕事や義務を果たすことの必要性について考えました。係活動に生かしたいとワークシートに思いを書き記しました。**体**

自他の権利を尊重する

◎「○○○○」の学習では，自分の権利ばかり主張することは，ほかの人の権利を奪うことに気付き，いじめ問題と関連させてこれまでの自分の行動を振り返る姿が見られました。**い**

◎身の回りのルールについて話し合う活動を通して，自他の権利の尊重について考えを深めました。友達と話し合うことで，相手の立場を考えることの大切さに気付きました。**現**

○わがままな主人公の言動に対して，自分の考えをしっかりもつことができました。自分の権利が守られるためにも，ほかの人のことを意識して行動することが必要だと理解しました。

☆自他の権利の学習を通して，いじめについて考えました。周囲に流されないことについて話し合ったので，更に自分がどう行動すればよいのかを考えられるとよいです。**い**

C

主として集団や社会との関わりに関すること

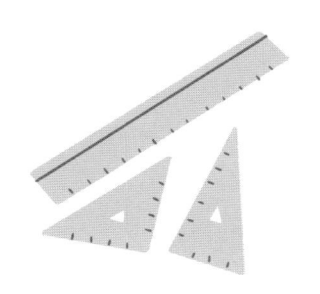

C 公正，公平，社会正義

誰に対しても差別をすることや偏見をもつことなく，公正，公平な態度で接し，正義の実現に努めること。

民主主義社会の基本である社会正義の実現に努め，公正，公平に振る舞うことに関する内容項目である。

（文部科学省「解説」より）

この時期は，いじめの問題から目を背けることも少なくありません。いじめをしない，させないという強い気持ちをもたせたいです。視点を広げ，社会正義の実現まで考えられるとよいですね。

評価のキーワード
- ●公正，公平な態度で行動する
- ●社会正義の実現について考える
- ●差別や偏見に向き合う
- ●同調圧力に流されない

公正，公平な態度で行動する

◎「○○○○」の学習では，なぜ公正な態度が必要なのかを考えることで，そのよさについて理解し，これからも公正な態度でいようとする意欲を高めました。

◎いじめにあった子の作文を通して，公正，公平な態度について考えを深めました。自分にできることは何かを考えるなど，意欲の高まりがみられました。**い**

○いじめにあった妹について描かれている絵本から，公正，公平について学びました。問題解決的な学習を通して，いじめは絶対に許されないという気持ちを強くもちました。**い**

☆公正，公平の学習を通して，いじめについて考えました。周囲に流されないことの大切さに気付けたので，更に「自分がどう行動すればよいのか」を考えられるとよいです。**い**

社会正義の実現について考える

◎「○○○○」の学習では，正しい行いをすることが全体の幸せにつながることに気付き，学校生活においても正しいことは自信をもって実行しようとする意欲が高まりました。

◎教材「シミズ先生とキヨ」の役割演技を通して，社会正義のすばらしさに気付きました。また，正義の実現に努めようとする意欲が高まり，自分には何ができるか考えを深めました。**体**

○不法投棄取締り活動から，社会正義の実現について学びました。自分の生活を振り返る中で，みんなが正しいことを行うことの重要性について気付き，発表しました。**現**

☆公害問題の資料を通して，社会正義の実現について学びました。正しい行いをすることの大切さについてワークシートに考えをまとめました。**現**

● 差別や偏見に向き合う

◎「〇〇〇〇」の学習では，なぜ差別が生まれるのかについて様々な視点から議論することができました。差別がない社会にするためには自分から寄り添う大切さに気付きました。**現**

◎顔にあざがあることで差別を受けてきた人の体験談を通して，一人一人がもつ偏見が大きな差別になることに気付きました。今後差別や偏見に向き合う思いを深くもちました。

◯実際に差別を受けた人の手記を読み，現在も差別や偏見があることを学びました。役割演技を通して，差別や偏見を受けた人のつらさやくやしさを体験的に理解しました。**体**

☆差別は許してはいけないことを，教材を通して考えることができました。「学校生活でも友達をからかったりしないようにしよう」と，授業の感想に記述しました。**い**

● 同調圧力に流されない

◎「〇〇〇〇」のいじめについて考える学習では，周りにいる人の行動が重要であることに気付きました。同調圧力に流されない意志をもって学校生活を過ごしたいという思いが強まりました。**い**

◎曖昧な返事は同意したことになることを，役割演技を通して気付きました。グループの話し合いの中で，同調圧力に流されないことが，いじめ防止に役立つという思いを深めました。**い** **体**

◯SNSでのトラブル事例から学ぶ授業では，自分の意思を伝えにくい同調圧力について知り，そのことがいじめのきっかけになることを理解しました。**情** **い**

☆いじめについて考える学習では，教材の中で，同調圧力に流されないことが重要というキーワードに気付きました。更に「自分がどう行動すればよいのか」を考えられるとよいです。**い**

C

主として集団や社会との関わりに関すること

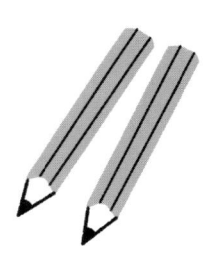

C 勤労, 公共の精神

働くことや社会に奉仕することの充実感を味わうとともに, その意義を理解し, 公共のために役に立つことをすること。

仕事に対して誇りや喜びをもち, 働くことや社会に奉仕することの充実感を通して, 働くことの意義を自覚し, 進んで公共のために役立つことに関する内容項目である。

（文部科学省「解説」より）

高学年は共同作業などをきらう傾向にありますが, 働くことの意義を伝え, ボランティア活動など社会に役立ちたいという思いをもたせたい時期でもあります。

評価のキーワード
- ●働く意義を理解する
- ●社会の役に立つ意義を考える
- ●社会生活を支える意義を考える
- ●勤労を尊ぶ
- ●公共のために役に立とうとする
- ●ボランティア, 奉仕活動のよさを知る

働く意義を理解する

◎「○○○○」の学習では, 働く意義を理解し, 進んで人のために力を尽くすことのすばらしさに気付いて, 自身の将来の夢と関連付けて考えをまとめました。**現**

◎働く意義ややりがいについて, 役割演技を通して気付きました。グループの話し合いの中で, 「働いている人に感謝の気持ちを伝えることは, 今すぐできる」という気持ちをもてました。**体**

○働くことについて考える学習では, 仕事を続けるには, 「やりがい」を見つけることだとキーワードに気付き, 働く意義について考えを深めました。**現**

☆看護師さんへのインタビューを通して学ぶ授業では, 大変な仕事を続けられる理由と, 働く意義について考えました。学校の係活動などで生かされることを期待しています。**現**

社会の役に立つ意義を考える

◎「○○○○」の学習では, ボランティア活動のVTRを視聴し理解を深めました。社会の役に立つために自分たちには何ができるかを考えるなど, 実践意欲の高まりがみられました。**現**

◎谷津干潟のボランティア清掃の教材を読み, 地道な活動が社会の大きな役に立つことを理解し, グループ学習では解決方法について様々な視点から意見を出し合いました。**現**

○震災ボランティアの活動を振り返る学習では, 「役に立ちたい」という気持ちが, 行動の原点であったことを知り, ボランティア精神とはどのようなものかを学びました。**現**

☆社会の役に立ちたいという気持ちで, 奉仕活動を続けている人がいることを学びました。学校生活でも進んで手伝いをしようとする気持ちが少しずつ育ってきています。

社会生活を支える意義を考える

◎「○○○○」の学習では，仕事は社会生活を支えるうえで重要であることに気付きました。今後は，人のために尽くす仕事に就きたいという意欲が高まりました。

◎深夜に働く人々を取り上げた教材で，様々な人の努力によって社会生活が支えられていることに気付きました。今までの仕事に対する見方や考え方を変えることができました。現

○若者がつらい仕事に就きたがらないという新聞記事から，仕事と社会との関係性について考えを深めました。社会生活を支えるためにも，つらくても頑張らないといけないとまとめました。現

☆家の人への「仕事アンケート」をもとに，それぞれの仕事が社会生活を支えていることを話し合いました。自分も役に立つ仕事に就きたいという気持ちが育ってきています。現

公共のために役に立とうとする

◎「○○○○」の学習では，自分を振り返ることで，ボランティア活動について理解を深めました。自分でもできるボランティアなど，公共のために役立つ活動に興味が高まりました。現

◎交通安全ボランティアさんをゲストティーチャーに招き，どのような思いで活動をしているのか理解を深めました。公共のために役立つ活動の意義とやりがいを知り関心が高まりました。現

○姉妹で震災ボランティアをした教材から，子どもでも公共のために役立つことに気付きました。自分も何かできることはないか考え，ワークシートにまとめました。現

☆自分の利益にとらわれず，公共のために役立つ活動を続けている人の思いについて話し合いました。学校の諸活動で学んだことが生かされたらと期待しています。現

勤労を尊ぶ

◎「○○○○」の学習では，仕事には大変さだけでなく働くことへの喜びがあることを理解しました。学校生活においても，仕事を進んでしようとする意欲が高まりました。現

◎勤労感謝の日をきっかけとして，勤労とはどのようなことなのか考えを深めました。係活動や委員会活動を例に出し，何ができるかを考えるなど，意欲の高まりがみられました。現

○「お金があれば仕事はしなくてもよいか」というテーマでのディベートを通して，勤労の意義を理解しました。働くことの気持ちよさについて発表できました。現

☆職人に関する教材を通して，勤労について学びました。働くことの大変さや大切さについてワークシートに考えをまとめました。現

ボランティア，奉仕活動のよさを知る

◎「○○○○」の学習では，海外ボランティアに向かう人の熱意や使命感を理解しました。また，ボランティアをはじめとする，人の役に立つ活動に対する意欲を高めました。現

◎国境なき医師団の紹介VTRを通して，奉仕活動について理解を深めました。今の自分にできることは何かを真剣に考えるなど，意欲の高まりがみられました。現

○「罰として奉仕活動を取り入れるのは是か非か」というテーマで討論会を行い，奉仕の意義について理解し，ワークシートに自分の考えをまとめました。現

☆ボランティア活動によって助けられている人について考えました。今までの自分を見つめ直し，どう行動すればよいのかを考えられるとよいです。現

C

主として集団や社会との関わりに関すること

61

C 家族愛，家庭生活の充実

父母，祖父母を敬愛し，家族の幸せを求めて，進んで役に立つことをすること。

家族との関わりを通して父母や祖父母を敬愛し，家族の一員として家庭のために役立つことに関する内容項目である。

（文部科学省「解説」より）

高学年になるとより一層家庭での役割も大きくなります。家族の一員としての役割を自覚し，家族のために進んで協力し合えるよう，励ましていきましょう。

評価のキーワード
- ●家族への敬愛を深める
- ●尊敬や感謝の気持ちをもつ
- ●家族のために貢献する
- ●深い信頼関係について考える
- ●家族の一員という自覚をもつ

家族への敬愛を深める

◎「○○○○」の学習では，自分を支えてくれている家族への敬愛の思いに気付き，自身のこれからの日常生活と関連付けて家族への感謝の気持ちが高まりました。

◎自分自身の中にある家族への敬愛の念について，役割演技を通して気付きました。また，「家族に感謝の気持ちを伝えることは，今すぐできることだ」という思いを強くもちました。**体**

○家族への敬愛の念について考える学習では，「支え合う」というキーワードに気付き，家族が互いに支え合うことについて考えを深めました。

☆家族へのインタビューを通して，家族それぞれの役割と，自分を支えてくれている家族への敬愛の思いについて考えました。日常生活で学んだことが生かされることを期待しています。

尊敬や感謝の気持ちをもつ

◎「○○○○」の学習では，主人公の母の思いを知り，自分を支えてくれる人への理解を深めました。感謝の気持ちを表すには何ができるか考えるなど，実践意欲の高まりがみられました。

◎主人公の気持ちを考えることで，自分の成長を温かく見守ってくれた家族に尊敬や感謝の気持ちを強くもちました。今までの自分を振り返り，「家族の一員」の意識が高まりました。

○当たり前のように生活している毎日に，家族の支えがあることに気付き，尊敬や感謝の気持ちをもちました。家族に対する優しい気持ちが育ってきています。

☆家族の役割を振り返る学習では，ともに支えるという気持ちが，家族の原点なのか話し合いました。いつも助けてくれる家族に尊敬や感謝の気持ちをもてることを期待しています。

家族のために貢献する

◎「○○○○」の学習では，社会生活を支える
　うえで家族で助け合うことが重要であること
　に気付き，家族のために力を尽くすことはす
　ばらしいとの思いを強くもちました。

◎外国に単身赴任している父親の教材を通して，
　家族の強い絆に気付き，家族のために働くこと
　への見方や考え方が変わりました。家族の幸せのた
　めに何かしようとする気持ちが高まりました。

○役割演技を通して，家族のそれぞれの立場
　を経験しました。仕事をする父や母が，ど
　のような思いで家族のために毎日頑張って
　いるのか考えを深めました。**体**

☆お家の人へのアンケート資料をもとに，そ
　れぞれが家族を支えていることを学びまし
　た。自分も家族を支えたいという気持ちが
　育ってきています。

家族の一員という自覚をもつ

◎「○○○○」の学習では，子どもを思う親
　の気持ちについて理解を深めました。家族の
　一員として何ができるか考えるなど，家族と
　しての意識が高まりました。

◎建築家の方をゲストティーチャーに招き，
　二世帯住宅を建てる人の思いを聞き，家族
　について理解を深めました。自分も「家族
　の一員」という意識が高まりました。

○震災後，家族で疎開をした人の物語から，
　家族の一員として働くことの大切さを学び
　ました。今の自分に何かできることはない
　かを考え，ワークシートにまとめました。

☆家でどのようなお手伝いをしているかグ
　ループで意見交換をしました。家族の一員
　として働くことを知り，そのことが家庭で
　も生かされたらと期待しています。

深い信頼関係について考える

◎「○○○○」の学習では，家事には大変さ
　だけでなく家族のためへの喜びがあること
　を理解しました。深い信頼関係で結ばれて
　いる家族のよさを感じ取りました。

◎親子三代夏祭りの教材から，家族は深い信頼
　関係でつながっていることに気付きました。家
　庭科の学習と関連させて，自分に何ができるか
　を考えるなど，意欲の高まりがみられました。

○「お手伝いはしなくてよいか」というテー
　マのディベートを通して，家族の役割と，
　強い信頼関係で結ばれていることに気付
　き，意見をまとめて発表しました。

☆病気の妹の世話をする物語を通して，家族
　の信頼関係について学びました。家族は互
　いに助け合っていることについて，ワーク
　シートに考えをまとめました。

C

主として集団や社会との関わりに関すること

63

C よりよい学校生活，集団生活の充実

先生や学校の人々を敬愛し，みんなで協力し合ってよりよい学級や学校をつくるとともに，様々な集団の中での自分の役割を自覚して集団生活の充実に努めること。

先生や学校の人々を尊敬し感謝の気持ちをもって，学級や学校の生活をよりよいものにしようとすることや，様々な集団の中での活動を通して，自分の役割を自覚して集団生活の充実に努めることに関する内容項目である。

（文部科学省「解説」より）

「自分たちは高学年」という意識をもちます。様々な集団での活動を通して，集団を支えているのは自分たちであり，自分の役割を果たそうとする態度を育てましょう。

評価のキーワード
- ●高学年としての自覚をもつ
- ●チームとして取り組む
- ●集団を愛する
- ●自分の役割を自覚する

高学年としての自覚をもつ

◎「○○○○」の学習では，高学年として自覚をもった行動を進んで行うことがよい学校をつくると気付きました。何ができるかを考えるなど，実践意欲の高まりがみられました。

◎卒業までを描いた教材を読み，よりよい校風をつくろうとする意欲が高まりました。卒業ボランティア活動に着目し，最高学年として何かしたいという自覚を強くもちました。

〇学校の歴史を振り返る学習では，最高学年として愛校心と自覚をもつことが，よりよい学校につながると知り，委員会活動などに積極的に取り組もうと意識が変化しました。

☆仲間のすばらしさを描いた物語を読み，よりよい学級をつくろうとする気持ちをもちました。高学年としての自覚が少しずつ育ってきています。

チームとして取り組む

◎「○○○○」の学習では，チームとして互いに助け合うことが重要であることに気付き，これからは，学級のために力を尽くそうという思いを強くもちました。

◎オリンピック日本代表についての教材で，学級もチームとして互いに強い絆で結ばれていた方がよいことに気付き，学級のために働くことへの見方や考え方が変わりました。

〇学級会の役割演技を通して，それぞれの立場で学級を大切にしていることに気付きました。チームとしてまとまりをもつことが必要だと，ワークシートに考えをまとめました。　**体**

☆係活動のアンケート資料をもとに，それぞれが学級を支えていることについて話し合いました。自分もチームの一員として学級を支えたいという気持ちが少しずつ育ってきています。

集団を愛する

◎「○○○○」の学習では，家族や学級など，所属する集団のための責任について理解しました。自分の役割を自覚して行動することが必要だと気付くなど意識が高まりました。

◎「地球市民」の考え方を扱った教材から，それぞれが集団を愛し，責任をもって行動することの重要性に気付きました。自分に何ができるかを考えるなど，意欲の高まりがみられました。

○高齢者へのゴミ出しボランティア活動があることを学びました。身近な集団を愛し，積極的に役割を果たそうとする姿に共感を感じていました。 現

☆地域のボランティア活動を通して，身近な集団を愛することについて考えました。家族や学級など，自分が所属する集団への意識も少しずつ高まってきたように感じます。

自分の役割を自覚する

◎「○○○○」の学習では，集団における自分の役割に気付くことができました。学級や家族の一員として何ができるかを考えるなど，意識が高まりました。

◎副リーダーの仕事の物語から，集団における自分の役割について気付くことができました。今後は，今の自分にできることをしようとする気持ちが高まっています。

○観光課の方をゲストティーチャーに招きました。地域振興のために自分の役割を自覚し，仕事に取り組む姿を通し，自分も学級や家族の一員として取り組む意識が高まりました。

☆学級や集団における自分の役割について，サッカーの監督の物語を通して話し合いました。係活動や委員会活動で生かされたらと期待しています。

C

主として集団や社会との関わりに関すること

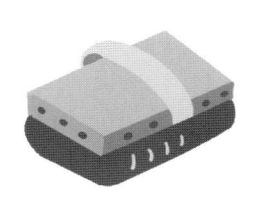

C
伝統と文化の尊重, 国や郷土を愛する態度

我が国や郷土の伝統と文化を大切にし, 先人の努力を知り, 国や郷土を愛する心をもつこと。

我が国や郷土の伝統と文化を尊重し, それらを育んできた我が国や郷土を愛する心をもつことに関する内容項目である。

（文部科学省「解説」より）

国の産業や歴史, 文化遺産などにも目が向く時期です。受け継がれている伝統や文化のよさを理解し, 守り育てていこうという意欲を伸ばしていきたいですね。

評価のキーワード
● 伝統や文化を尊重する
● 先人の努力を知る
● 受け継いで発展させる責務について自覚する

伝統や文化を尊重する

◎「○○○○」の学習では, 伝統文化を受け継ぐことが重要であることに気付き, 次の時代のために伝統を大切にすることはすばらしいことだと考えをまとめました。**現**

◎和食も伝統文化として世界に誇れるものだと気付きました。身近にある文化に気付き, それを受け継ぐために活動することへの見方や考え方が変わりました。**現**

○小泉八雲の生き方を通して, 郷土や国を愛することの大切さに気付きました。日本や日本人のよさについて話し合い, 伝統や文化を守ることが必要だと, ワークシートに考えをまとめました。

☆地域のお祭りを教材とし, 伝統と文化を受け継ぐことの大切さについて話し合いました。自分も郷土を大切にしたいという気持ちが少しずつ育ってきています。**現**

先人の努力を知る

◎我が国に古くからある文化を学び, その発展に尽くした先人のすばらしさに気付くことができました。身の回りの文化を改めて見直し, 先人への感謝の気持ちがもてました。**現**

◎地域の伝統行事について考える学習で, 伝統を引き継いできた人々の努力を知ることができました。伝統を守るために, 自分ができることをしようとする意欲が高まりました。**現**

○日本にある世界遺産について考える学習で, 先人が築いてきた伝統文化のよさを理解しました。世界遺産を未来に残すためにどうすればよいか, 自分の考えをまとめることができました。**現**

☆日本の伝統文化について考える学習で, 狂言を守り伝えてきた人のことを知り, 興味をもちました。伝統文化を守るために何ができるか, グループで話し合うことができました。**現**

受け継いで発展させる責務について自覚する

◎「○○○○」の学習では，日本や地域に伝わる伝統や文化について理解しました。自分も伝統や文化を受け継ぎ発展させる担い手であると気付くなど意識が高まりました。**現**

◎昔の祭りを復活させた取り組みを教材とし，伝統や文化を受け継いで発展させることの重要性に気付きました。自分に何ができるかを考えるなど，意欲が高まりました。**現**

○地域には祭りの保存会があることを知りました。伝統を大切にし，それを受け継いで発展させようとする姿と使命感に共感を感じていました。**現**

☆郷土食の資料を通して，地域を愛することについて話し合いました。次の世代にも受け継いでいきたいという意識が少しずつ高まってきたようです。**現**

主として集団や社会との関わりに関すること

C

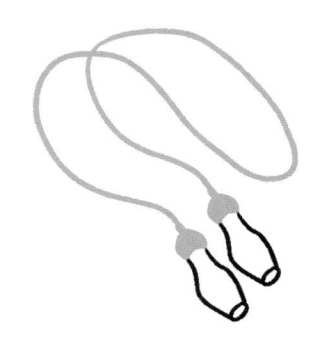

C 国際理解，国際親善

他国の人々や文化について理解し，日本人としての自覚をもって国際親善に努めること。

他国の人々や多様な文化を理解するとともに，日本人としての自覚や国際理解と親善の心をもつことに関する内容項目である。 （文部科学省「解説」より）

テレビや新聞などを通して，他国の情報に触れる機会が多くなります。日本人としての自覚と誇りをもち，進んで他国と交流するなど国際親善の気持ちを伸ばしていきましょう。

評価のキーワード
- ●他国への関心をもつ
- ●他国の芸術や文化を尊重する
- ●国際理解を深める
- ●国際親善に努める
- ●相互に尊重する
- ●進んでほかの国の人々とつながる

他国への関心をもつ

◎「○○○○」の学習で，国際親善のために何ができるか，様々な視点から話し合うことができました。外国の生活や文化など他国への関心がより高まりました。 **現**

◎外国との文化の違いについて，食生活の比較を通して気付きました。他国への関心が高まり，異なる文化も受け入れようとする意識が高まりました。 **現**

○ユニセフの活動について考える学習では，他国への関心と受け入れる広い心が国際平和につながることに気付き，国際親善について考えを深めました。 **現**

☆国連職員へのインタビュー記事を通して，大変な仕事を続けられる理由と，国際平和の意義について考えました。他国への興味関心が高まりました。 **現**

他国の芸術や文化を尊重する

◎「○○○○」の学習では，他国の芸術や文化のVTRを視聴し理解を深めました。国際親善のために自分たちには何ができるのかを考えるなど，実践意欲の高まりがみられました。 **現**

◎オリンピックを国際親善という視点から捉え，スポーツが平和の役に立つことに気付きました。これからは，自分も役に立ちたいという思いをもちました。 **現**

○日本におけるフランス年を教材とし，互いの文化や芸術を知りたいという気持ちが，国際親善の第一歩だと気付き，世界の人とつながりたいという気持ちをもちました。 **現**

☆ハロウィンなど，ほかの国の芸術や文化が日本に定着していることについて話し合いました。今までの自分を振り返って，国際親善の視点が少しずつ育ってきています。 **現**

国際理解を深める

◎「○○○○」の学習では，異なる文化を受け入れることが重要であると気付きました。自分が大人になるまでには戦争や紛争をなくしたいという思いを強くもちました。**現**

◎世界の貧困は解消すべき問題だと感じ，何か行動を起こさなくてはと国際理解に対する見方や考え方が変わりました。日本人としての自覚が高まっています。**現**

○『世界がもし100人の村だったら』を教材とし，国際理解の学習を行いました。自分の状況と世界を比較して，新たに自分自身を見つめ直すことができました。**現**

☆世界の挨拶の教材をもとに，それぞれの国の文化について話し合いました。国際理解の視点から，様々な国のことを知りたいという関心が少しずつ高まってきています。**現**

相互に尊重する

◎「○○○○」の学習では，「相互に尊重する」がキーワードになることに気付きました。自分でもできる国際交流など，世界のために役立つ活動に興味が高まりました。**現**

◎「なぜ戦争はなくならないのか」をテーマにディベートを行い，世界平和について様々な立場から考えました。相互に理解し受け入れる気持ちをもつことが重要だと気付きました。**現**

○柔道の先生をゲストティーチャーに招き，スポーツを通じた国際交流について学びました。国は違っても，相互に尊重する気持ちがあれば理解し合えることに気付きました。**現**

☆科学の平和利用について，アインシュタインの伝記から学びました。争いをなくすために相互に尊重し合おうとする気持ちが育ってきています。**現**

国際親善に努める

◎「○○○○」の学習では，ホームステイのホストファミリーの話から，国際親善について考えを深めました。社会科の学習と関連させて，他国の文化への関心が高まりました。**現**

◎海外の姉妹都市をきっかけとして，国際親善とはどのようなことなのか考えを深めました。交換留学など，互いを知る方法を考えるなど，意欲の高まりがみられました。**現**

○日本で親しまれている海外の音楽という視点から，国際親善について考えました。グループ討議では，異なる文化でも交流は可能であると気付くことができました。**現**

☆日本の桜が世界に贈られたことの教材を通して，国際親善について考えました。他国と友好な関係を築くことの大切さについてワークシートに考えをまとめました。**現**

進んでほかの国の人々とつながる

◎「○○○○」の学習では，進んでほかの国の人々とつながる広い心が大切だと気付きました。また，国際ボランティアをはじめとする，人の役に立つ活動に対する意欲を高めました。**現**

◎UNHCR（国連難民高等弁務官事務所）の活動を知ることで，難民について理解を深めました。今の自分に何ができるかを考えるなど，進んでほかの国の人々とつながろうとする意欲が高まりました。**現**

○世界では，子どもでも働かなくてはいけない状況があることを知り，それをなくすためにも，進んでほかの国の人々とつながることの大切さに気付きました。**現**

☆国連などの活動によって助けられている人について話し合いました。自分が進んでほかの国の人々と関わるにはどうすればよいのかを考えられるとよいです。**現**

C

主として集団や社会との関わりに関すること

D 生命の尊さ

生命が多くの生命のつながりの中にあるかけがえのないものであることを理解し，生命を尊重すること。

生命ある全てのものをかけがえのないものとして尊重し，大切にすることに関する内容項目である。

（文部科学省『解説』より）

高学年になると，生命のつながりについてより深く理解できます。生命が宿る神秘，受け継がれる生命など，生命の様々な側面を扱うことで，生命のかけがえのなさを実感させましょう。

評価のキーワード
- ●生命のつながりを感じる
- ●生命のかけがえのなさを理解する
- ●生命の尊厳を知る
- ●ともに生きるすばらしさを理解する
- ●限りある生命を懸命に生きる
- ●生きることの意義を追い求める

生命のつながりを感じる

◎「○○○○」の学習では，生命のつながりについて，いろいろな視点から考えを深めました。昔から続く生命のリレーの中に，自分自身がいることに気付くことができました。

◎『いのちのまつり』の絵本を通して，先祖から続く生命のつながりの大切さに気付きました。つながり続ける生命を大切にしようとする意識が高まりました。

○自分の先祖は何人いるのか数える活動を通して，生命のつながりについて考えを深めました。自分の命を大切にすることが先祖に感謝することにつながると考えをまとめました。

☆歴史上の人物の子孫が現在もいることを知り，生命のつながりに関する興味関心が高まりました。学んだことを自身に置き換え，生命を大切にする気持ちが高まればと期待しています。

生命のかけがえのなさを理解する

◎「○○○○」の学習では，出産のVTRを視聴し生命に対する理解を深めました。自分はかけがえのない命を授かったのだという思いの高まりがみられました。

◎メダカの赤ちゃんの誕生をきっかけに，生命とはかけがえのないものだということを再認識しました。グループ学習では生命を大切にするとは具体的にどうすることなのか様々な視点から考えました。

○助産師さんをゲストティーチャーに招き，生命について学びました。誰もがかけがえのない生命をもつ尊い存在であることに気付きました。自分の誕生について聞いたことを発表できました。

☆普段の食生活を生命の視点から見直すと，かけがえのない生命をいただいていることを考えることができました。生命尊重の精神が少しずつ育ってきています。

生命の尊厳を知る

◎「○○○○」の学習では，自分と同じように相手を尊重する気持ちが大切なことに気付きました。生命に対して様々な立場から考えをまとめることができました。

◎いじめによる自死を防止する活動について学び，生命の尊厳について理解を深めました。生きる喜びを感じることが大切だと知り，生まれてきてよかったという気持ちをもてました。**い**

○障害があることを分かって出産した母親の手記から，生命の尊厳の学習を行いました。自分の状況と比較して，新たに自分自身を見つめ直すことができました。

☆エイズと闘った少年の教材から，生命の尊厳について学習しました。生命を大切にしなくてはならないという意識が育ってきています。

限りある生命を懸命に生きる

◎「○○○○」の学習では，自分の生命も限りがあることに気付きました。自分はどう生きたいのか，何をしなくてはいけないのか，これらの考えをこれから取り組む「命の計画」にまとめました。

◎「尊厳死は認められるか」をテーマにディベートを行い，難しい課題にもかかわらず活発に議論し，限りある生命を大切にする気持ちが高まりました。自他の生命の大切さをよく理解しています。

○ホスピスに勤める保護者の方をゲストティーチャーに招き，限りある生命について学びました。今生きていることに感謝し，たくましく生活しようとする気持ちが高まりました。

☆限りある生命について，『電池が切れるまで』を通して考えました。生きたくても生きられない人の気持ちに共感し，生命について自分の考えをまとめました。

ともに生きるすばらしさを理解する

◎「○○○○」の学習では，『涙そうそう』の歌詞から，生命の重さについて考えを深めました。悲しい過去とともに生きる強さについて考え，今までの自分をしっかり振り返ることができました。

◎東日本大震災の教材を通して，ともに生きるとはどのようなことなのか，考えを深めました。互いに助け合い，命あるものを大切にしようとする意欲の高まりがみられました。**現**

○自分の成長を振り返ることで，ともに生きることについて学びました。保護者からの手紙を読み，感動して涙ぐむときもありました。生命の尊さについて考えを深めました。

☆世界の食糧事情を教材として，ともに生きることについて話し合いました。食糧難の現実を知り，何ができるかについてワークシートに考えをまとめました。**現**

生きることの意義を追い求める

◎「○○○○」の学習では，生きることの意義について様々な視点から考えました。事故にあって車いす生活になった人の生き方から，命あるかぎり必ず幸せは訪れることを学びました。

◎パラリンピック選手の生き方を通して，生きることの意義について理解を深めました。今の自分にできることは何かを考えるなど，意欲の高まりがみられました。

○どのような状況においても希望を捨てないで学校に通うフィリピンの子どもたちの生活と，自分の生活を比べることで，生きることの意義について深く考えました。**現**

☆東日本大震災で被災した家族の物語から，生きることの意義について話し合いました。更に，自分はどう生きていきたいのか考えられるとよいです。**現**

D 自然愛護

自然の偉大さを知り，自然環境を大切にすること。

自分たちを取り巻く自然環境を大切にしたり，動植物を愛護したりすることに関する内容項目である。

（文部科学省「解説」より）

人間と自然の共存についても考えられるようになる時期です。持続可能な社会の実現に向けて，自分たちができることを考えていけるとよいですね。

評価のキーワード
- 環境を守る
- 自然に学ぶ
- 人間と自然や動植物との共存を考える
- 持続可能な社会の実現に努める

環境を守る

◎「○○○○」の学習では，自然の仕組みと地球環境に対する理解を深めました。地球を守るために何かしなくてはという気持ちから，環境を守る態度の高まりがみられました。**現**

◎「サケの一生」の教材を通して，自然環境を保護するとともに積極的に環境を保全することの大切さに気付きました。自然の偉大さを感じ取り，環境を守る態度が育っています。**現**

◯メダカが絶滅危惧種に指定されるという新聞記事から，環境保全について理解を深めました。グループ学習では環境を守るとは具体的にどうすることなのか意見を出し合いました。**現**

☆伐採された森が自らの力で復元する教材から，自然の生命力と偉大さについて考えることができました。環境を守る態度が少しずつ育ってきています。**現**

自然に学ぶ

◎「○○○○」の学習で，人間の力で自然を変えるのではなく，自然に学ぶ姿勢が大切だということに気付き，今までの自分を振り返って，自分は何ができるかを考えました。**現**

◎洪水から町を守る教材を通して，自然環境と人との関わりについて考えを深めました。自然をコントロールするのではなく，自然に学ぶことが大切だと気付くことができました。**現**

◯河川の堤防工事を教材とし，人間の都合を優先するよりも，自然に学ぶことが人間にとってもプラスになることに気付きました。自然に対する考えをまとめることができました。**現**

☆谷津干潟の環境保全活動の資料をもとに，自然愛護について学習しました。自然から学ぶ気持ちを大切にしなくてはならないという意識が高まってきています。**現**

人間と自然や動植物との共存を考える

◎「〇〇〇〇」の学習では，人間と自然や動植物との共存について考えを深めました。共存するために自分に何ができるかということについて様々な視点から意見をまとめました。**現**

◎東日本大震災を教材として，人間と自然や動植物との共存とはどのようなことなのか考えを深めました。これからの生活の中で自分ができることを考えることができました。**現**

○科学技術の発展と，人間と自然や動植物との共存について考えを深めました。便利さの裏にある危険や，自然を破壊する行為について関心を高めました。　**現**

☆ジャングルの焼き畑農業を教材として，人間と自然や動植物との共存について話し合いました。環境問題の実情を知り，何ができるかについてワークシートに考えをまとめました。　**現**

持続可能な社会の実現に努める

◎「〇〇〇〇」の学習では，持続可能な社会をつくることが大切だと気付きました。便利さばかりにとらわれず，自分はどのような行動をとったらよいか環境意識が高まりました。**現**

◎「自然保護か科学の発展か」をテーマに様々な視点から意見をまとめることができました。自然保護の取り組みの度合いについて議論し，持続可能な社会をつくろうとする気持ちが育ちました。**現**

○環境保全課の方をゲストティーチャーに招き，リサイクル活動など，持続可能な社会について学習を行いました。自分にもできるということを知り，環境意識が高まりました。　**現**

☆携帯電話から貴重な金属を回収する取り組みを通して，持続可能な社会について話し合いました。自分の身近に，様々な取り組みのきっかけがあることを考えました。**現**

D

主として生命や自然、崇高なものとの関わりに関すること

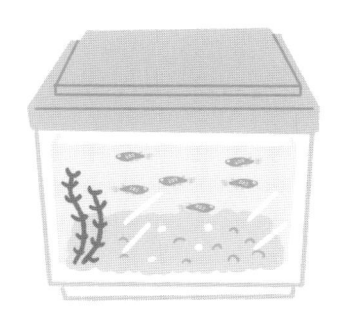

D 感動，畏敬の念

美しいものや気高いものに感動する心や人間の力を超えたものに対する畏敬の念をもつこと。

美しいものや崇高なもの，人間の力を超えたものとの関わりにおいて，それらに感動する心や畏敬の念をもつことに関する内容項目である。

人間の可能性や大自然の摂理などのすごさに気付ける時期です。文学作品や絵画，音楽などにも触れさせ，感動や畏敬の念を深め，人間としての在り方を見つめられるようにしましょう。

評価のキーワード
- ●美しいものに感動する
- ●気高いものに感動する
- ●人間の力を超えたものに畏敬の念をもつ

美しいものに感動する

◎「○○○○」の学習では，大自然がもつ美しさと，息をのむような雄大さを感じ取りました。今までの自分を振り返り，自分もその一部であるということに気付きました。

◎よみがえった大イチョウを教材として，自然の偉大さや美しさについて理解を深めました。日々の生活の中で，美しいものや気高いものに感動する心をもっています。

○アイヌの人々が自然を大切にした考えをもっていることを教材から学び，美しいものに感動する心について考えを深めました。美しいものを素直に受け入れる心が育ってきています。

☆星空の写真をもとに，自然の美しさについて学習しました。美しいものについて自分の体験談を話すことができました。美しいものに感動する心が育ってきています。

気高いものに感動する

◎「○○○○」の学習では，大自然のすごさ，怖さとそれを乗り越えた気高いものについて考えを深めました。人間の力を超えたものに感動する心をもっています。

◎富士山の教材から，美しい自然は人を感動させることに気付きました。人間の力が及ばない気高さについて考えを深めました。

○「○○○○」の学習では，主人公に共感することができました。宿泊学習のときの朝の風景を振り返ることで，自然の美しさや気高さについて考えを深めました。

☆世界遺産の写真集を教材として，自然がもつ気高さについて学習しました。自分も同様の光景を見て感動したことはないか，グループで意見交換をしました。

人間の力を超えたものに畏敬の念をもつ

◎「○○○○」の学習では，主人公に共感し，自分自身も大きな自然の一部であることに気付きました。人間の力を超えたものを感じ，感動する心が身についています。

◎自然と人間の学習では，自然は人間の力を超えた大きな存在であることを再認識しました。自然と人の関わりについて様々な立場から考えをまとめることができました。

○登山家の方をゲストティーチャーに招き，自然に挑戦する気持ちについて学びました。人間の力を超えたものの存在を認め，それを乗り越える喜びを知りました。

☆オーロラの写真をもとに，人間の力を超えた自然の魅力について，友達と何がすばらしいか話し合うことができました。美しい自然に対して感動する心が育ってきています。

D

主として生命や自然、崇高なものとの関わりに関すること

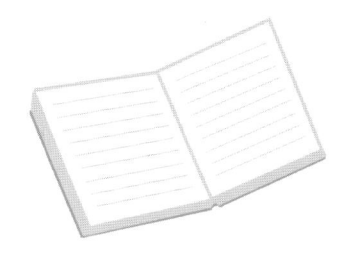

D よりよく生きる喜び

よりよく生きようとする人間の強さや気高さを理解し，人間として生きる喜びを感じること。

よりよく生きようとする人間のよさを見いだし，人間として生きる喜びを感じることに関する内容項目である。

（文部科学省「解説」より）

人間の気高さに気付くことができる時期です。弱さも含め，人間の強さや人として生きることのすばらしさを，自分の生き方につなげられるよう励ましていきましょう。

評価のキーワード
- ●人間として生きる喜びを理解する
- ●人間の気高さに気付く
- ●自分の弱さを乗り越える
- ●誇りのある生き方をする
- ●夢や希望など喜びのある生き方をする

人間として生きる喜びを理解する

◎「〇〇〇〇」の学習では，よりよく生きる喜びについて話し合い，自分の人生をどのように生きるかについて考えを深め，今を楽しんでいることもすばらしいことだと気付くことができました。

◎「うれしかったこと探し」の活動を通して，人間として生きる喜びについて考えを深めました。つらいこともあるけれど，楽しいこともたくさんあるから生きていて楽しいということに気付きました。

○「たくさんのありがとう」の教材を通して，人間として生きる喜びについて考えました。自分が多くの人に支えられるのと同じくらい誰かの役に立っているということに気付きました。

☆スクールカウンセラーの方の話を聞き，人間として生きる喜びについて考えました。学んだことを自身に置き換え，生活に生かせればと期待しています。

人間の気高さに気付く

◎「〇〇〇〇」の学習では，困難にあってもそれを乗り越える人間の気高さに対する理解を深めました。自分にも内に秘めた力があるのだと気付きました。

◎外国で活躍した日本人の学習では，国は違っても助け合う主人公の姿から，人間の気高さに気付きました。グループ学習では自分を含めた人間がもつ力について様々な視点から意見を出し合いました。

○自分の心の弱さに負けてしまいそうになる物語を教材として，誰もが弱さをもっているが，同時に人間としての気高さをもっていることを学びました。

☆グループワークを通して，誰もが弱い一面をもっていることについて話し合いました。時には，人間としての気高さがそれを克服する力になることを思い出し，生活に生かしてほしいと思います。

自分の弱さを乗り越える

◎「○○○○」の学習では，困難を乗り越える力について考え，今までの自分をしっかり見つめ，自分と同じように弱い気持ちがあっても，弱さを乗り越える力が誰にでもあることに気付きました。

◎自分のミスで試合に負けた物語を教材として，自分の弱さを乗り越える心の大切さに気付きました。仲間や経験が力になると知り，自分のこれからの生活にも生かそうとしています。

○けがからの再起を果たしたスポーツ選手の人生を教材として学習を行いました。自分の状況と比較して，自らの弱さを乗り越えることのすばらしさに気付くことができました。

☆自分の都合でうそをついてしまった主人公の物語をもとに，人間の強さと弱さについて学習しました。自分の弱さを乗り越えようとする意識が育ってきています。

夢や希望など喜びのある生き方をする

◎「○○○○」の学習では，夢や希望など喜びのある生き方のよさに気付きました。これから自分はどのような人生を送りたいのかを，「人生設計プランシート」にまとめました。

◎ゲストティーチャーの話から，夢や希望など喜びのある生き方について考えが深まりました。困難を乗り越えたさきに，夢の実現があることに気付きました。

○「夢の実現」をテーマに討論会を行い，夢や希望など喜びのある生き方とはどのようなものか提案しました。これからの自分について考えをまとめることができました。

☆夢や希望など喜びのある生き方について学びました。いい加減な生活からは何も生まれないことを実生活にも生かしていきたいとワークシートに記述しました。

誇りのある生き方をする

◎「○○○○」の学習では，貧しくても正直者であることの大切さに気付くことができました。誇りのある生き方とはどのようなものか様々な視点から考えをまとめました。

◎『レ・ミゼラブル』の物語を通して，誇りのある生き方とはどのようなことなのか，考えを深めました。自分自身に恥じない生き方をしようとする意欲の高まりがみられました。

○杉原千畝の伝記を教材として，誇りのある生き方について学びました。正しいことに従って生きることのすばらしさを感じとりました。

☆「○○○○」の物語から，誇りのある生き方について考えました。目の前の利益ではなく，何が大切なのか考えるきっかけになりました。生活に生かしていけることを期待します。

D

主として生命や自然、崇高なものとの関わりに関すること

総合所見

通知表の総合所見は，道徳科を含んだ各教科，外国語活動，特別活動など全教育活動において，子どもたちが学んだことが言動となって表れた姿を個人内評価として記入します。つまり，道徳科の評価ではなく，道徳教育の評価といってよいでしょう。

総合所見も子どもたちのよさに注目して記入することが基本です。自己評価や相互評価を生かしつつ，自分のよさを子どもたちが実感できるような文章にしましょう。そして，通知表の行動の記録欄の「基本的な生活習慣」「責任感」などの項目の評価と対応させるのが望ましいです。

善悪の判断，自律，自由と責任

◎自由と責任について道徳科で考えを深めたあと，学級では係活動や委員会活動を通して，自由も大切にしつつ，しっかりと責任を果たそうとする姿が見られました。

◎道徳科の授業で学んだ，自由な行動の中にも，相手や周囲に対して配慮することの大切さをよく理解しています。学んだことを生かし，自分の行動に責任をもって生活しています。

正直，誠実

◎正直な心について道徳科で思いを深めたあと，グループや学級の話し合いの中で，周囲に流されずに素直な気持ちを言おうとする姿が見られました。

◎「誠実に生きたい」という道徳科の中での振り返りから，周囲に対して真心を込めて接しようとする姿がよく見られました。道徳科で学んだ気持ちが育ってきています。

節度，節制

◎節度，節制について道徳科で学んだあと，家族でもルールについて話し合い，自分だけではなく兄弟にも考えを広めている姿が見られました。

◎節度を守り，節制に心掛けることで，自分だけではなく周囲も気持ちよく過ごせるということに気付き，その考えを示した行動が様々な場面で見られました。

個性の伸長

◎個性についての考えを深め，学級での話し合いにおいて「適材適所」という言葉を使い，みんながそれぞれの場面で輝けるように分担すべきだと話す姿が見られました。

◎長所と短所について学習したことを生かして，自分だけではなく，ほかの人にも得意不得意があるということに理解を示し，友達に対して積極的にフォローをしていました。

希望と勇気，努力と強い意志

◎希望と勇気の学習を通して，自分なりに勇気をもって学級で発言したり，友達と接したりしている姿が見られるようになりました。道徳科で学んだ心が育っています。

◎努力と強い意志について学んだことを生かし，運動会の練習をいつも以上に頑張り，休み時間にも努力している姿をよく見かけました。

真理の探究

◎進んで疑問を解決していきたいと道徳科の学習で考えたあと，熱心に調べ学習をする姿が見られました。真理を探究する意欲が育っています。

◎真理の探究の学習のあと，自分が憧れる○○さんのようになりたいと考えを深め，分からないことを自分で調べようとする意欲が見られました。

親切，思いやり

◎親切，思いやりの心について道徳科で考えを深めたあと，異学年交流活動で相手の立場に立った優しい接し方をしている姿を見かけました。

◎親切，思いやりの大切さを実感し，学習のあとには，周囲の人に今まで以上に優しく接しています。学んだことを生かして，心を育てています。

感謝

◎感謝の学習をしたあと，一つ一つのことに対して，ていねいにお礼を言う場面が多く見られました。周囲に対して尊敬の気持ちをもち，善意に応えたいという意欲が高まっています。

◎社会問題について話し合った際に，現代の家庭では感謝し合う気持ちが薄れていることが問題ではないかと気付き，発表しました。

礼儀

◎礼儀の学習を通して，相手を尊重しながら，相手の立場や気持ちに応じた振る舞いをしたいと考えを深めました。その後，教師や目上の人に対する礼儀が更によくなっていました。

◎礼儀についての役割演技を通して，心のこもった接し方のよさが分かったあと，周囲に対してていねいで真心を込めた対応をしている姿がよく見られました。

友情，信頼

◎いじめ問題について学級で話し合ったあと，道徳科で学んだことについてよく考えながら行動しています。友達のことを信頼し，男女分け隔てなく接している姿が見られます。

◎道徳科で友情について考えを深めたあと，グループ活動でそれぞれの意見を尊重しながら信頼し合って行動するなど，学習したことを生かしています。

総合所見

相互理解，寛容

◎相互理解の学習を通して，今までよりもっと相手への理解をもって話し合えるようになり，○○チームの話し合いでは，相手の立場を考えながら，話し合いを進めるようになりました。

◎寛容な心の考えを深めたあと，異学年交流活動では，下の学年の行動にも広い心をもって接し，上手に活動をサポートする姿が見られました。

規則の尊重

◎ルールについて道徳科で学んだことを生かし，学級会では，休み時間の遊び方についてみんなが納得するきまりに変えようと，積極的に意見を発表しました。

◎掃除の時間のきまりを守らない友達に対して，注意するだけでなく，ルールを守ることの必要性を伝えるなど，道徳科の学習が生かされています。

公正，公平，社会正義

◎掃除分担を決めるときに，みんなが公平になるように工夫して順番を決めました。道徳科での学びが実際の生活に生かされています。

◎学級会で「いじめゼロ宣言」を採択するときに，道徳科の学習を例に出し，いじめは差別と同じで絶対許されないことだと意見を発表しました。

勤労，公共の精神

◎地域の公園清掃では，ゴミ拾いのほかに何かできることはないか考え，ポスターを作成しました。公共のために役立つ活動への興味が高まりました。

◎募金活動を呼びかけるために，壁新聞を作成しその必要性をみんなに伝えました。人の役に立つ活動に対する意欲が高まりました。

家族愛，家庭生活の充実

◎家庭科で家族の役割を学習する中で，道徳科で学んだ家族愛と関連付けて，改めて家族の大切さを実感しました。

◎卒業を前に，家族に感謝の手紙を書く授業では，道徳科での学習を思い出しながら，感謝の気持ちを綴りました。

よりよい学校生活, 集団生活の充実

◎学級の係活動を決めるときに，大変な仕事にもかかわらず積極的に引き受けました。理由を尋ねたところ，「クラスのために」というすばらしい返事が返ってきました。

◎学級目標を立てるときには，高学年としてどのようなクラスにしたいのかという視点から意見を出すなど，クラスを大事にする気持ちが伝わってきました。

伝統と文化の尊重，国や郷土を愛する態度

◎図画工作科で地域の神社を描きました。昔から続く美しいたたずまいに感動し，郷土を大切にしたいという気持ちをもちました。

◎食育の時間に，郷土料理について学びました。身近にある文化に気付き，それを受け継ぐために活動することへの見方や考え方が変わりました。

国際理解，国際親善

◎外国からの転入生に対して学校生活での手助けをするなど，親切に接しました。国や文化が違っても仲よくなれることを身をもって示しました。

◎社会科の平和についての学習では，道徳科で学んだ国際親善を例に出し，互いを知り，理解し合うことの必要性について意見を発表しました。

生命の尊さ

◎「生命の誕生」の学習を通して，産まれた子メダカを熱心に世話する姿から，生命を大切にする心が育っていることを感じます。

◎合唱祭での合唱曲を決める際，『いのちのうた』を強く推薦しました。道徳科で学習したことが心に残っているようで，○○さんの生命を大切にする気持ちが伝わってきました。

自然愛護

◎ホウセンカの栽培を通して，植物への関心が高まりました。人間と自然の共存について深く考えるなど，環境保全の意識が強くなりました。

◎栽培委員として，当番の水やりを責任をもって行いました。自然愛護の意識が高く，植物に対して優しく接する姿が見られました。

感動，畏敬の念

◎宿泊学習では，きれいな夕日に感動し，感想文には「もみじ色の空」と表現しました。美しいものに感動する心が育っています。

◎月と太陽の学習では，その知識とともに自然の偉大さについて感じ取りました。道徳科の学習を他教科にも生かしています。

よりよく生きる喜び

◎苦手なリコーダー練習に一生懸命に取り組みました。自分の性格を振り返り，「自分の弱さを乗り越えたい」と気持ちを記しました。

◎キャリア教育の授業では，人生設計図制作に熱心に取り組みました。どのような人生を送りたいのか，自分自身を振り返る新たな視点をもちました。

総合所見

81

小学校学習指導要領解説 特別の教科 道徳編

第5章 道徳科の評価

第1節 道徳科における評価の意義

（「第3章 特別の教科 道徳」の「第3 指導計画の作成と内容の取扱い」の4）
　児童の学習状況や道徳性に係る成長の様子を継続的に把握し，指導に生かすよう努める必要がある。ただし，数値などによる評価は行わないものとする。

1　道徳教育における評価の意義

　学習における評価とは，児童にとっては，自らの成長を実感し意欲の向上につなげていくものであり，教師にとっては，指導の目標や計画，指導方法の改善・充実に取り組むための資料となるものである。

　教育において指導の効果を上げるためには，指導計画の下に，目標に基づいて教育実践を行い，指導のねらいや内容に照らして児童の学習状況を把握するとともに，その結果を踏まえて，学校としての取組や教師自らの指導について改善を行うサイクルが重要である。

　道徳教育における評価も，常に指導に生かされ，結果的に児童の成長につながるものでなくてはならない。「第1章 総則」の「第3 教育課程の実施と学習評価」の2の(1)では，「児童のよい点や進歩の状況などを積極的に評価し，学習したことの意義や価値を実感できるようにすること」と示しており，他者との比較ではなく児童一人一人のもつよい点や可能性などの多様な側面，進歩の様子などを把握し，年間や学期にわたって児童がどれだけ成長したかという視点を大切にすることが重要であるとしている。道徳教育においてもこうした考え方は踏襲されるべきである。

　このことから，学校の教育活動全体を通じて行う道徳教育における評価については，教師が児童一人一人の人間的な成長を見守り，児童自身の自己のよりよい生き方を求めていく努力を評価し，それを勇気付ける働きをもつようにすることが求められる。そして，それは教師と児童の温かな人格的な触れ合いに基づいて，共感的に理解されるべきものである。

2　道徳科における評価の意義

　「第3章 特別の教科 道徳」の第3の4において，「児童の学習状況や道徳性に係る成長の様子を継続的に把握し，指導に生かすよう努める必要がある。ただし，数値などによる評価は行わないものとする」と示している。これは，道徳科の評価を行わないとしているのではない。道徳科において養うべき道徳性は，児童の人格全体に関わるものであり，数値などによって不用意に評価してはならないことを特に明記したものである。したがって，教師は道徳科においてもこうした点を踏まえ，それぞれの授業における指導のねらいとの関わりにおいて，児童の学習状況や道徳性に係る成長の様子を様々な方法で捉えて，個々の児童の成長を促すとともに，それによって自らの指導を評価し，改善に努めることが大切である。

第2節　道徳科における児童の学習状況及び成長の様子についての評価

1　評価の基本的態度

　道徳科は，道徳教育の目標に基づき，各教科，外国語活動，総合的な学習の時間及び特別活動における道徳教育と密接な関連を図りながら，計画的，発展的な指導によって道徳性を養うことがねらいである。

　道徳性とは，人間としてよりよく生きようとする人格的特性であり道徳的判断力，道徳的心情，道徳的実践意欲及び態度を諸様相とする内面的資質である。このような道徳性が養われたか否かは，容易に判断できるものではない。

　しかし，道徳性を養うことを学習活動として行う道徳科の指導では，その学習状況や成長の様子を適切に把握し評価することが求められる。児童の学習状況は指導によって変わる。道徳科における児童の学習状況の把握と評価については，教師が道徳科における指導と評価の考え方について明確にした指導計画の作成が求められる。道徳性を養う道徳教育の要である道徳科の授業を改善していくことの重要性はここにある。

　道徳科で養う道徳性は，児童が将来いかに人間としてよりよく生きるか，いかに諸問題に適切に対応するかといった個人の問題に関わるものである。このことから，小学校の段階でどれだけ道徳的価値を理解したかなどの基準を設定することはふさわしくない。

　道徳性の評価の基盤には，教師と児童との人格的な触れ合いによる共感的な理解が存在することが重要である。その上で，児童の成長を見守り，努力を認めたり，励ましたりすることによって，児童が自らの成長を実感し，更に意欲的に取り組もうとするきっかけとなるような評価を目指すことが求められる。なお，道徳性は，極めて多様な児童の人格全体に関わるものであることから，評価に当たっては，個人内の成長の過程を重視すべきである。

2　道徳科における評価

（1）道徳科に関する評価の基本的な考え方

　道徳科の目標は，道徳的諸価値の理解を基に，自己を見つめ，物事を多面的・多角的に考え，自己の生き方についての考えを深める学習を通して，道徳的な判断力，心情，実践意欲及び態度を育てることであるが，道徳性の諸様相である道徳的な判断力，心情，実践意欲と態度のそれぞれについて分節し，学習状況を分析的に捉える観点別評価を通じて見取ろうとすることは，児童の人格そのものに働きかけ，道徳性を養うことを目標とする道徳科の評価としては妥当ではない。

　授業において児童に考えさせることを明確にして，「道徳的諸価値についての理解を基に，自己を見つめ，物事を多面的・多角的に考え，自己の生き方についての考えを深める」という目標に掲げる学習活動における児童の具体的な取組状況を，一定のまとまりの中で，児童が学習の見通しを立てたり学習したことを振り返ったりする活動を適切に設定しつつ，学習活動全体を通して見取ることが求められる。

　その際，個々の内容項目ごとではなく，大くくりなまとまりを踏まえた評価とすることや，他の児童との比較による評価ではなく，児童がいかに成長したかを積極的に受け止めて認め，励ます個人内評価として記述式で行うことが求められる。

　道徳科の内容項目は，道徳科の指導の内容を構成するものであるが，内容項目について単に知識として観念的に理解させるだけの指導や，特定の考え方に無批判に従わせるような指導であってはならない。内容項目は，道徳性を養う手掛かりとなるものであり，内容項目に含まれる道徳的諸価値の理解を基に，自己を見つめ，物事を多面的・多角的に考え，自己の生き方についての考えを深める学習を通して，「道徳性を養う」ことが道徳科の目標である。このため，道徳科の学習状況の評価に当たっては，道徳科の学習活動に着目し，年間や学期といった一定の時間的なまとまりの中で，児童の学習状況や道徳性に係る成長の様子を把握する必要がある。

資　料

こうしたことを踏まえ，評価に当たっては，特に，学習活動において児童が道徳的価値やそれらに関わる諸事象について他者の考え方や議論に触れ，自律的に思考する中で，一面的な見方から多面的・多角的な見方へと発展しているか，道徳的価値の理解を自分自身との関わりの中で深めているかといった点を重視することが重要である。このことは道徳科の目標に明記された学習活動に着目して評価を行うということである。道徳科では，児童が「自己を見つめ」「多面的・多角的に」考える学習活動において，「道徳的諸価値の理解」と「自己の生き方についての考え」を，相互に関連付けることによって，深い理解，深い考えとなっていく。こうした学習における一人一人の児童の姿を把握していくことが児童の学習活動に着目した評価を行うことになる。

　なお，道徳科においては，児童自身が，真正面から自分のこととして道徳的価値に多面的・多角的に向き合うことが重要である。また，道徳科における学習状況や道徳性に係る成長の様子の把握は，児童の人格そのものに働きかけ，道徳性を養うという道徳科の目標に照らし，児童がいかに成長したかを積極的に受け止めて認め，励ます視点から行うものであり，個人内評価であるとの趣旨がより強く要請されるものである。これらを踏まえると，道徳科の評価は，選抜に当たり客観性・公平性が求められる入学者選抜とはなじまないものであり，このため，道徳科の評価は調査書には記載せず，入学者選抜の合否判定に活用することのないようにする必要がある。

（2）個人内評価として見取り，記述により表現することの基本的な考え方

　道徳科において，児童の学習状況や道徳性に係る成長の様子をどのように見取り，記述するかということについては，学校の実態や児童の実態に応じて，教師の明確な意図の下，学習指導過程や指導方法の工夫と併せて適切に考える必要がある。

　児童が一面的な見方から多面的・多角的な見方へと発展させているかどうかという点については，例えば，道徳的価値に関わる問題に対する判断の根拠やそのときの心情を様々な視点から捉え考えようとしていることや，自分と違う立場や感じ方，考え方を理解しようとしていること，複数の道徳的価値の対立が生じる場面において取り得る行動を多面的・多角的に考えようとしていることを発言や感想文，質問紙の記述等から見取るという方法が考えられる。

　道徳的価値の理解を自分自身との関わりの中で深めているかどうかという点についても，例えば，読み物教材の登場人物を自分に置き換えて考え，自分なりに具体的にイメージして理解しようとしていることに着目したり，現在の自分自身を振り返り，自らの行動や考えを見直していることがうかがえる部分に着目したりするという視点も考えられる。また，道徳的な問題に対して自己の取り得る行動を他者と議論する中で，道徳的価値の理解を更に深めているかや，道徳的価値の実現することの難しさを自分のこととして捉え，考えようとしているかという視点も考えられる。

　また，発言が多くない児童や考えたことを文章に記述することが苦手な児童が，教師や他の児童の発言に聞き入ったり，考えを深めようとしたりしている姿に着目するなど，発言や記述ではない形で表出する児童の姿に着目するということも重要である。

　さらに，年間や学期を通じて，当初は感想文や質問紙に，感想をそのまま書いただけであった児童が，学習を重ねていく中で，読み物教材の登場人物に共感したり，自分なりに考えを深めた内容を書くようになったりすることや，既習の内容と関連付けて考えている場面に着目するなど，1単位時間の授業だけでなく，児童が一定の期間を経て，多面的・多角的な見方へと発展していたり，道徳的価値の理解が深まったりしていることを見取るという視点もある。

　ここに挙げた視点はいずれについても例示であり，指導する教師一人一人が，質の高い多様な指導方法へと指導の改善を行い学習意欲の向上に生かすようにするという道徳科の評価の趣旨を理解した上で，学校の状況や児童一人一人の状況を踏まえた評価を工夫することが求められる。

（3）評価のための具体的な工夫

　道徳科における学習状況や道徳性に係る成長の様子を把握するに当たっては，児童が学習活動を通じて多面的・多角的な見方へ発展させていることや，道徳的価値の理解を自分との関わりで深めていることを見取るための様々な工夫が必要である。

　例えば，児童の学習の過程や成果などの記録を計画的にファイルに蓄積したものや児童が道徳性を養っていく過程での児童自身のエピソードを累積したものを評価に活用すること，作文やレポート，スピーチやプレゼンテーションなど具体的な学習の過程を通じて児童の学習状況や道徳性に係る成長の様子を把握することが考えられる。

　なお，こうした評価に当たっては，記録物や実演自体を評価するのではなく，学習過程を通じていかに道徳的価値の理解を深めようとしていたか，自分との関わりで考えたかなどの成長の様子を見取るためのものであることに留意が必要である。

　また，児童が行う自己評価や相互評価について，これら自体は児童の学習活動であり，教師が行う評価活動ではないが，児童が自身のよい点や可能性に気付くことを通じ，主体的に学ぶ意欲を高めることなど，学習の在り方を改善していくことに役立つものであり，これらを効果的に活用し学習活動を深めていくことも重要である。発達の段階に応じて，年度当初に自らの課題や目標を捉えるための学習を行ったり，年度途中や年度末に自分自身を振り返る学習を工夫したりすることも考えられる。

　さらに，指導のねらいに即して，校長や教頭などの参加，他の教師と協力的に授業を行うといった取組も効果的である。管理職をはじめ，複数の教師が一つの学級の授業を参観することが可能となり，学級担任は，普段の授業とは違う角度から児童の新たな一面を発見することができるなど，児童の学習状況や道徳性に係る成長の様子をより多面的・多角的に把握することができるといった評価の改善の観点からも有効であると考えられる。

（4）組織的，計画的な評価の推進

　道徳科の評価を推進するに当たっては，学習評価の妥当性，信頼性等を担保することが重要である。そのためには，評価は個々の教師が個人として行うのではなく，学校として組織的・計画的に行われることが重要である。

　例えば，学年ごとに評価のために集める資料や評価方法等を明確にしておくことや，評価結果について教師間で検討し評価の視点などについて共通理解を図ること，評価に関する実践事例を蓄積し共有することなどが重要であり，これらについて，校長及び道徳教育推進教師のリーダーシップの下に学校として組織的・計画的に取り組むことが必要である。校務分掌の道徳部会や学年会あるいは校内研修会等で，道徳科の指導記録を分析し検討するなどして指導の改善に生かすとともに，日常的に授業を交流し合い，全教師の共通理解のもとに評価を行うことが大切である。

　また，校長や教頭などの授業参加や他の教師との協力的な指導，保護者や地域の人々，各分野の専門家等の授業参加などに際して，学級担任以外からの児童の学習状況や道徳性に係る成長の様子について意見や所感を得るなどして，学級担任が児童を多面的・多角的に評価したり，教師自身の評価に関わる力量を高めたりすることも大切である。

　なお，先に述べた，校長や教頭などの参加，他の教師と協力的に授業を行うといった取組は，児童の変容を複数の目で見取り，評価に対して共通認識をもつ機会となるものであり，評価を組織的に進めるための一つの方法として効果的であると考えられる。

　このような，組織的・計画的な取組の蓄積と定着が，道徳科の評価の妥当性，信頼性等の担保につながる。また，こうしたことが，教師が道徳科の評価に対して自信を持って取り組み，負担感を軽減することにもつながるものと考えられる。

資料

（5）発達障害等のある児童や海外から帰国した児童，日本語習得に困難のある児童等に対する配慮

　発達障害等のある児童に対する指導や評価を行う上では，それぞれの学習の過程で考えられる「困難さの状態」をしっかりと把握した上で必要な配慮が求められる。

　例えば，他者との社会的関係の形成に困難がある児童の場合であれば，相手の気持ちを想像することが苦手で字義通りの解釈をしてしまうことがあることや，暗黙のルールや一般的な常識が理解できないことがあることなど困難さの状況を十分に理解した上で，例えば，他者の心情を理解するために役割を交代して動作化，劇化したり，ルールを明文化したりするなど，学習過程において想定される困難さとそれに対する指導上の工夫が必要である。

　そして，評価を行うに当たっても，困難さの状況ごとの配慮を踏まえることが必要である。前述のような配慮を伴った指導を行った結果として，相手の意見を取り入れつつ自分の考えを深めているかなど，児童が多面的・多角的な見方へ発展させていたり道徳的価値を自分のこととして捉えていたりしているかといったことを丁寧に見取る必要がある。

　発達障害等のある児童の学習状況や道徳性に係る成長の様子を把握するため，道徳的価値の理解を深めていることをどのように見取るのかという評価資料を集めたり，集めた資料を検討したりするに当たっては，相手の気持ちを想像することが苦手であることや，望ましいと分かっていてもそのとおりにできないことがあるなど，一人一人の障害により学習上の困難さの状況をしっかりと踏まえた上で行い，評価することが重要である。

　道徳科の評価は他の児童との比較による評価や目標への到達度を測る評価ではなく，一人一人の児童がいかに成長したかを積極的に受け止めて認め，励ます個人内評価として行うことから，このような道徳科の評価本来の在り方を追究していくことが，一人一人の学習上の困難さに応じた評価につながるものと考えられる。

　なお，こうした考え方は，海外から帰国した児童や外国人の児童，両親が国際結婚であるなどのいわゆる外国につながる児童について，一人一人の児童の状況に応じた指導と評価を行う上でも重要である。これらの児童の多くは，外国での生活や異文化に触れてきた経験などを通して，我が国の社会とは異なる言語や生活習慣，行動様式を身に付けていると考えられる。また，日本語の理解が不十分なために，他の児童と意見を伝え合うことなどが難しかったりすることも考えられる。それぞれの児童の置かれている状況に配慮した指導を行いつつ，その結果として，児童が多面的・多角的な見方へと発展させていたり道徳的価値を自分のこととして捉えていたりしているかといったことを，丁寧に見取ることが求められる。その際，日本語を使って十分に表現することが困難な児童については，発言や記述以外の形で見られる様々な姿に着目するなど，より配慮した対応が求められる。

第3節　道徳科の授業に対する評価

1　授業に対する評価の必要性

　学習指導要領「第1章 総則」には，教育課程実施上の配慮事項として，「児童のよい点や進歩の状況などを積極的に評価し，学習したことの意義を実感できるようにすること。また，各教科等の目標の実現に向けた学習状況を把握する観点から，単元や題材など内容や時間のまとまりを見通しながら評価の場面や方法を工夫して，学習の過程や成果を評価し，指導の改善や学習意欲の向上を図り，資質・能力の育成に生かすようにすること」として学習評価を指導の改善につなげることについての記述がある。

　道徳科においても，教師が自らの指導を振り返り，指導の改善に生かしていくことが大切であり，授業の評価を改善につなげる過程を一層重視する必要がある。

2 授業に対する評価の基本的な考え方

　児童の学習状況の把握を基に授業に対する評価と改善を行う上で，学習指導過程や指導方法を振り返ることは重要である。教師自らの指導を評価し，その評価を授業の中で更なる指導に生かすことが，道徳性を養う指導の改善につながる。

　明確な意図をもって指導の計画を立て，授業の中で予想される具体的な児童の学習状況を想定し，授業の振り返りの観点を立てることが重要である。こうした観点をもつことで，指導と評価の一体化が実現することになる。

　道徳科の学習指導過程や指導方法に関する評価の観点はそれぞれの授業によって，より具体的なものとなるが，その観点としては，次のようなものが考えられる。

　ア　学習指導過程は，道徳科の特質を生かし，道徳的価値の理解を基に自己を見つめ，自己の生き方について考えを深められるよう適切に構成されていたか。また，指導の手立てはねらいに即した適切なものとなっていたか。

　イ　発問は，児童が多面的・多角的に考えることができる問い，道徳的価値を自分のこととして捉えることができる問いなど，指導の意図に基づいて的確になされていたか。

　ウ　児童の発言を傾聴して受け止め，発問に対する児童の発言などの反応を，適切に指導に生かしていたか。

　エ　自分自身との関わりで，物事を多面的・多角的に考えさせるための，教材や教具の活用は適切であったか。

　オ　ねらいとする道徳的価値についての理解を深めるための指導方法は，児童の実態や発達の段階にふさわしいものであったか。

　カ　特に配慮を要する児童に適切に対応していたか。

3 授業に対する評価の工夫

　ア　授業者自らによる評価

　　授業者自らが記憶や授業中のメモ，板書の写真，録音，録画などによって学習指導過程や指導方法を振り返ることも大切である。録音や録画で授業を振り返ることは，今まで気付かなかった傾向や状況に応じた適切な対応の仕方などに気付くことにもなる。児童一人一人の学習状況を確かめる手立てを用意しておき，それに基づく評価を行うことも考えられる。

　イ　他の教師による評価

　　道徳科の授業を公開して参観した教師から指摘を受けたり，ティーム・ティーチングの協力者などから評価を得たりする機会を得ることも重要である。その際，あらかじめ重点とする評価項目を設けておくと，具体的なフィードバックが得られやすい。

4 評価を指導の改善に活かす工夫と留意点

　道徳科の指導は，道徳性の性格上，1単位時間の指導だけでその成長を見取ることが困難である。そのため，指導による児童の学習状況を把握して評価することを通して，改めて学習指導過程や指導方法について検討し，今後の指導に生かすことができるようにしなければならない。

　児童の道徳性を養い得る質の高い授業を創造するためには，授業改善に資する学習指導過程や指導方法の改善に役立つ多面的・多角的な評価を心掛ける必要がある。また，道徳科の授業で児童が伸びやかに自分の感じ方や考え方を述べたり，他の児童の感じ方や考え方を聞いたり，様々な表現ができたりするのは，日々の学級経営と密接に関わっている。

　道徳科における児童の道徳性に係る成長の様子に関する評価においては，慎重かつ計画的に取り組む必要がある。道徳科は，児童の人格そのものに働きかけるものであるため，その評価は安易なものであってはならない。児童のよい点や成長の様子などを積極的に捉え，それらを日常の指導や個別指導に生かしていくよう努めなくてはならない。

文部科学省「小学校学習指導要領解説　特別の教科　道徳編」より

資
料

[編著者]

道徳評価研究会
代表　尾高正浩（おだか・まさひろ）

1959年生まれ。東京学芸大学初等教育教員養成課程卒業。千葉市立園生小学校，千葉県長期研修生（道徳），打瀬小学校，千葉市教育委員会指導課，桜木小学校，轟町小学校を経て，現在千葉市立松ケ丘小学校長。上級教育カウンセラー。千葉県教育研究会道徳教育部会会長。
著書に，『「価値の明確化」の授業実践』（単著：明治図書），『子どもと教師の心がはずむ道徳学習』（共著：東洋館出版社），『「心のノート」とエンカウンターで進める道徳』『11の徳を教える』『すぐできる "とびっきり"の道徳授業1』『ワークシートでできる「道徳科」授業プラン』（以上，編著：明治図書）他

[執筆者]

岡田直美	千葉市立長作小学校	校長
森　美香	千葉市立小中台小学校	教頭
金子由香	千葉市立幕張東小学校	教諭
多田幸城	千葉市立千城台東小学校	教頭
野村末帆	千葉市立鶴沢小学校	教諭
宮澤　長	千葉市立誉田小学校	教諭

（所属は，2021年4月現在）

「特別の教科 道徳」の評価
通知表所見の書き方&文例集 小学校高学年

2018年 3月 1日　第 1 刷発行
2021年 5月25日　第10刷発行

編著者／尾高正浩
発行者／河野晋三
発行所／株式会社 日本標準
　　　　〒167-0052　東京都杉並区南荻窪3-31-18
　　　　電話　03-3334-2640［編集］
　　　　　　　03-3334-2620［営業］
　　　　URL　http://www.nipponhyojun.co.jp/

表紙・編集協力・デザイン／株式会社 コッフェル
イラスト／うつみちはる
印刷・製本／株式会社 リーブルテック

◆乱丁・落丁の場合はお取り替えいたします。

ISBN 978-4-8208-0636-3